吴韵汉风文丛

主编　刘志彪

江苏百座寺庙

余日昌　著

江蘇教育出版社

图书在版编目(CIP)数据

江苏百座寺庙 / 余日昌著. --南京：江苏教育出版社，2012.12

(吴韵汉风文丛)

ISBN 978-7-5499-2614-5

Ⅰ.①江… Ⅱ.①余… Ⅲ.①寺庙－介绍－江苏省 Ⅳ.①K928.75

中国版本图书馆CIP数据核字(2012)第312181号

书　　名 江苏百座寺庙
作　　者 余日昌
责任编辑 王家俊
装帧设计 李广玹
出版发行 凤凰出版传媒股份有限公司
江苏教育出版社(南京市湖南路1号A楼　邮编210009)
苏教网址 http://www.1088.com.cn
照　　排 南京紫藤制版印务中心
印　　刷 江苏凤凰新华印务有限公司(电话025-68037410)
厂　　址 江苏南京市新港经济技术开发区尧新大道399号
开　　本 787毫米×1092毫米　1/16
字　　数 260千
印　　张 15.25
版　　次 2012年12月第1版　2012年12月第1次印刷
书　　号 ISBN 978-7-5499-2614-5
定　　价 26.00元
网店地址 http://jsfhjy.taobao.com
邮购电话 025-85406265,85400774 短信 02585420909
E-mail jsep@vip.163.com
盗版举报 025-83658579

《吴韵汉风》文丛

编审委员会名单

序

刘志彪

党的“十八大”报告提出了建设“文化强国”的战略理念，指出“文化是民族的血脉，是人民的精神家园”，并高度重视历史文化的价值和意义，强调要“建设优秀传统文化传承体系，弘扬中华优秀传统文化”。为了探讨和具体实践“传统文化传承体系”，江苏省社会科学院与江苏教育出版社尝试合作编纂了这套《吴韵汉风文丛》。

作为中华文明多元一体的重要组成部分，江苏的历史文化有其独特的贡献和重要的地位。素有“天堂”美誉，久负“文史之乡”美名的江苏，地跨大江南北，壤接内陆和海洋，是为东南富庶锦绣之地；在波澜壮阔的历史发展中，积淀了深厚而辉煌璀璨的古代文明，在经济、政治、社会、文化、教育、人才等领域，都取得了非凡的成就，留下了无数宝贵的文化财富。这既是我们的骄傲，也赋予了我们一份严肃而重大的责任，我们有义务整理、保护和传扬江苏悠久、深厚而丰富的历史文化底蕴和文明成果，以服务于文化强省建设，服务于“两个率先”的战略目标，并为社会主义文化大发展和大繁荣作出应有的贡献。

基于这一认识，本套丛书试图从多个角度鸟瞰江苏历史文化发展的历程与成就，并以图文并茂的形式，具体介绍了江苏有代表性的一百个人、物和事。首批六本分为《江苏百位名人》、《江苏百座建筑》、《江苏百座寺庙》、《江苏百处名胜》、《江苏百项之最》、《江苏百种非遗》。

我们一方面希望这套丛书能成为展示江苏人文魅力的一个窗口，能成为宣传和推介江苏的一部生动教材，能成为人们了解江苏、走近江苏的导游手册；另一方面我们也期望这套丛书能为人们保存一份珍贵的历史记忆，有益于人们更好地了解和认知省情，有助于展示江苏文化大省的形象，提升江苏在全国的地位、影响以及国际知名度，能激发人们爱国、爱乡的乡土情结和民族精神，能增强江苏人民的自豪感、自信心和凝聚力，并以更大的热情投身到建设家乡、发展家乡的热潮中去，人人争创一流业绩，不愧于先人，无负于时代，为我省早日实现现代化、率先建成小康社会而奋斗。

目录

第七章　僧才经院 / 205

引言

江苏佛教文化及寺院概述

江苏佛教文化源远流长。佛教最初传入江苏地区早在东汉末期，当时笮融法师在江苏彭城(今徐州)、广陵(今扬州)一带大兴佛教。连云港地区孔望山至今依然存有三国时期的摩崖石刻，上面记载有“佛道并奉而以道教为尊”。佛像最初传入江苏地区则稍晚一些，大约在东吴时期。1983 年，南京雨花台长岗村五号墓中发现的一件东吴末年青瓷盘口壶上，就有着彩色的两尊佛像与若干莲花图样。

江苏佛教寺院的最初建立也在三国时期，曾经得到了东吴王室的大力推动。正如《出三藏记集》卷一三《支谦传》所记载：当北方高僧支谦来到江南建业(今南京)时，“后吴主孙权闻其博学有才慧，即召见之，因问经中深隐之义。越(即支谦)应机释难，无疑不析。权大悦，拜为博士，使辅导东宫，甚加宠秩”。又见《高僧传》卷一《康僧会传》记载：孙权在召见北方高僧康僧会之后，“权大加服，即为建塔，以始有佛寺，故号建初寺，因其名地为佛陀里。由是江左大法遂兴”。可见，江南地区的第一座佛教寺院，就是孙权在建业长干里择地专为康僧会修建的这所“建初寺”。建初寺的建造成为了佛教在江南地区正式传布的一个重要标志，也是大批佛教经卷得以陆续留存在江南的最初藏经处。

江南佛寺由皇室兴建，引来了一批批北方高僧，佛经经卷也随之译出留存。康僧会之后，安世高、竺道生等一批长安高僧陆续云游至建业，他们陆续带来了长安译场翻译的印度佛经《微密持经》《阿弥陀经》《大般涅槃经》《大般若经》及对江南佛教发展影响最大的《四十二章经》等，同时将北方佛教寺院的建筑样式规格及寺院仪轨带入江南。随着南北朝时期南方佛教的盛兴，般若学“六家七宗”的发展，转而南方展开了针对涅槃佛性论及顿悟说的争辩，尤其唐代以后中国佛教各宗创立，各朝代君主笃信佛教（如梁武帝崇佛极致），导致江南佛教寺院一度如雨后春笋。南北朝时期江南佛教寺院曾经出现“四百八十寺”的盛势，尤其江南也陆续出现了一批如“青园寺”那样的皇家王室资助寺院，更是不让北方佛教。

江南寺院的早期发展具有以下特点：一是佛教寺院数量剧增，造寺起源五花八门。其中包括帝王建寺（如孙权赐建建初寺、梁武帝赐建同泰寺，宋明帝赐建湘宫寺等）、落魄官僚“舍宅为寺”（如南齐隐士明僧绍舍建栖霞寺、东晋名士谢尚舍建庄严寺等）、僧尼募款修造道场（如孙吴时期尼众修造长干寺、天竺僧人僧伽多罗修造宋熙寺等）。二是一批中外名僧驻锡江南梵宇，讲经说法翻译佛典。比如：东吴时期康僧会在建初寺作《安般守意经序》传大乘般若学，东晋时期支道林在东安寺讲《道行般若经》引导魏晋玄学转向，西行求法名僧法显在道场寺译出《大般泥洹经》和《摩诃僧祇律》而成为江南涅槃学先驱。三是江南诸寺院往往形成以佛塔为中心，建有二至三进大雄宝殿、钟鼓两楼等布局工整对仗的廊院式建筑群，尤其寺院逐步讲究环境风水，而且大都修造宏伟佛塔供奉佛家舍利琉璃珠宝等。

六朝以后，特别是经过唐代两次全国性“灭佛毁寺”运动，江苏地域内的佛教寺院在规模和数量方面都大大被削减，不少寺庙僧人出走，院落凋零。许多木质结构的塔殿或遭雷雨或遭战火。进入宋代之后，江苏地域的佛教寺院开始走向最低谷。

明代开始，因朱元璋早年曾经入寺出家而深谙佛门深浅，因此明朝宗教政策一方面倾向佛教而加以利用，另一方面强化规制限制佛教势力，江南佛寺建设随着进入历史上的第二个高潮期。这个时期建设地区的佛寺发展具有以下几个特点：

一是寺院建制逐步完善。这时的寺院普遍形成大寺管中寺、中寺管小寺的管理体制，而大寺则由朝廷主管佛教事物的僧录司直接管理，这样便于朝廷对各级寺院及其僧侣进行登记造册。二是朝廷陆续颁布了一系列佛教政策，使得大多数的佛寺具有一定的官办性质。这些政策中包括严格禁止自建寺庙；对已有寺庙的出家僧人实行“赐额”限量；采用“给田赡僧”的方式，一方面确保寺庙经济来源，另一方面严格限制寺庙其他经济收入以防寺院势力膨胀。三是进一步规制以佛殿为中轴线、左右对称式、同时具备“伽蓝七堂”等基本建筑的多进递庭院式标准布局。这样的特点一直保持至明清甚至民国时期。

近现代以后，由于江苏地处沿海地带，每遇战争各大寺院必先遭战火摧毁，或被占作军用，大部分寺院毁坏严重。全国解放后，特别是改革开放以来，江苏各地陆续落实宗教政策，在政府和民间资金的支持下，原有寺院相继复建或扩建。由于各地寺院建设大都与当地旅游文化景观规划有机结合起来，以至于新建寺院一方面继续保持着它们原有个性风格，另一方面也由于按照规范标准进行设计建设，从而使得各地寺院既能尽量满足广大群众的宗教信仰精神需求，同时也能为广大游客提供越来越周到的各项服务。

江苏佛教寺院的基本院落式样，从古至今沿袭着北魏时期北方传统的方形平面布局，只是相比之下江南寺院样式略显精细或秀气，增加了不少姑苏园林亭台楼阁回廊水榭等别致建筑。一般来看，它们大都以一条贯穿东西向或南北向的中轴线形成左右对称分布。

位于这个寺院中轴线的最前端是一座山门，一般分为中间主门、两旁次门，山门顶上横匾书写着“某某寺”字样。进了山门便是塔院，也有一些背靠山脊的寺院其塔院设在寺院紧靠山边的最后面。塔院一般呈方形，四面建有矮墙，中心为一座奇数层面的木砖等结构高塔。此高塔也是整个寺院的中心。

再沿中轴线向里便是一系列佛殿，它们包括前殿、中殿、正殿即大雄宝殿、后殿等。寺院的前殿一般供奉未来佛弥勒，两边供奉四大金刚。大雄宝殿是寺院的中心建筑，通常非常高大、装饰华丽甚至金碧辉煌。大雄宝殿的间数有三、五、七、九间不等，中间供奉着佛祖三圣、四大菩萨，两侧供奉罗汉若干，最多达500罗汉或另设罗汉堂。大雄宝殿正前方的大平台上一般设有献殿或献亭，可供香客燃香拜佛之用。前殿左右大都分别建有钟亭和鼓楼，禅宗寺院在此处还建有经堂与法堂室若干，可供香客听讲经文、坐禅修行或操行法事。

很多寺院的最后都建有一至两座多层大阁。这样的大阁各个寺院用途不同，可分别设为观音阁、万佛阁、藏经楼、毗卢阁、大佛阁、千佛阁、弥勒阁、卧佛阁、舍利阁等。除上述建筑之外，寺院还建有廊庑、膳房、僧房寮屋、法物流通处等辅助用房。

江苏人杰地灵，运河长江纵横交贯，湖泊山丘相映互衬，为佛教寺院提供了绝佳风水宝地，因此，也让江苏地域的大多数寺院有幸置身于迤逦风景、沉浸于万花翠绿，由此引来远方信众香客，敬佛之余陶冶情操，远离尘世净化心灵。江苏地域内的佛教寺院，其分布逐渐日趋合理，与社会融合日益增强，佛教促进社会和谐的积极作用日趋明显。

本书按照“历史经历、教内地位、人物影响、建筑规模”四个方面特点，对江苏现有佛教寺院进行相对比较，选择出上述第一批 100 个佛教寺院机构并进行了大致的分类梳理。由于本丛书对每一分册有字数限制，作者只能向读者提供每一个寺院历史情况的基本线索，未能就其代表人物、沉浮故事、承传法脉、地理风光、当代风貌、社会影响等方面展开更进一步充分的详述。

本书的编撰大量参考了公开与尚未公开的文字材料，得到了江苏教育出版社同仁的不断激励。因此，对提供上述参考文字的有名作者及无名作者，本书编撰者深表谢意！

江苏佛教历史悠远、寺院云集、法事隆兴、信众虔诚、声誉悠扬，这成为了本书能够短时间内得以完成的良好条件。然而，至今江苏尚缺少能够较为全面介绍并能够客观评价本地区佛教生态及其寺庙的权威性读本。本书编撰者愿意利用以后更为充分的时间为之贡献微博之力，且以这次受托为因缘暗自发愿。所以，他人交稿愉快之时，本书编撰者并非轻松，心中留下更多的焦急与压力。

只希望这本粗糙不足的小书，能够比较客观地反映出江苏佛教历史发展的基本脉络及其成长生态，能够反映出江苏佛教寺院对于社会建设的积极作用，能够体现出佛法调适人类心理的基本效应，也希望能够为亲近佛教且乐于旅游的读者奉献一本较有参考价值的工具书。

余日昌　稿于金陵东郊

2012 年 7 月 20 日

第一章　古刹胜景

苏州吴江·慈云禅寺

慈云禅寺，位于苏州城西南、太湖之滨吴江市震泽镇东。据《吴江县志》记载，慈云禅寺和慈云古塔初建于孙吴赤乌年间(238—249 年)。宋代咸淳年间(1265—1274 年)，禅寺形成规模。明代正统年间(1436—1449 年)重建，取名“广济寺”。明代天顺年间(1457—1464 年)赐额“慈云庵”。明代万历五年(1577 年)，重建寺院与古塔。明万历与清康熙、乾隆、道光历朝均多次增建殿宇堂轩。传说康熙十四年(1675 年)清顺治国师玉琳曾经离宫南游，止于慈云庵，八月十日说偈中趺坐而逝，肉身不坏。后来康熙皇帝因此下诏钦赐“慈云禅寺”额匾，并加大扩建改庵为寺。乾隆四年(1739 年)，慈云禅寺扩建升级大功告成，届时宝刹生辉香火鼎盛。

清代咸丰十年(1860 年)，慈云禅寺不幸毁于兵燹，唯浮屠数塔独存。1924 年，信女徐毕氏捐银八千，重建大殿三楹。1928 年，又修慈云古塔五级，由此形成了震泽八景之一的“慈云夕照”。

现存古塔是慈云禅寺的特殊标志。从它的建筑来看，除塔身下三层部分构件为宋代形制外，其他构件均表现为明代建筑形式。慈云寺古塔为平面六角形的五层楼阁式塔，它由砖身外木檐砌成，塔内由回廊、塔壁、塔心组成，塔壁外有平座、腰檐，每层有两面辟壶，上下门相错而开。塔内第五层中心立有楠木刹顶柱直至塔刹。塔刹为铁制，由覆钵、仰莲、相轮、宝盖、宝珠、圆光和铜质宝瓶组成。仰莲上铸有“吴江县七都十一日信人级坤，同妻杨氏，长男缨应福女观秀，喜舍……万历五年十月吉旦立”等字样。由此可见，古塔的塔刹为明代遗物。

慈云禅寺历经风雨，高僧辈出。其中，最受景仰者是明代道泽法师与慈林法师、清代净眼法师、超伟法师和断手誓修天王殿的化主天衣僧，由此形成古寺佛脉。

慈云古刹幽深洗心，引来文人游踪不绝，留下历来诗篇甚多。其中，清代文豪金圣叹就曾经写下留别诗一首：“震泽多精舍，慈云师子林。家私唯古佛，眷属总玄心。后汉人何在？微言乃至今，相逢随欲别，舍此更何寻？”

殿堂建筑宏伟壮观，却是寺庙的标准格式，与其他寺庙基本趋同。如今，古禅寺内依然清静，除看门老僧外，阒无人迹。进门两侧无花果树高大挺拔，几杆翠竹随风摇曳，初燃香火袅袅轻烟。古塔向外舒展着玲珑挺秀的翼角檐，与古塔左边纪念大禹治水的现代拱形石桥——禹迹桥互成辉映，构成了江南水乡古镇特有的自然景观。

慈云禅寺以塔闻名，以寺呈景。尤其登临古塔，江南震泽丰饶风光一览无余。

苏州城北·北塔报恩寺

北塔报恩寺位于苏州古城之北人民路上，俗称北寺。

北塔报恩寺距今已有1700余年历史。据梁简文帝《吴郡浮海石象铭》记载，三国吴赤乌十年(247年)至十三年(252年)，吴主孙权为报母亲吴太夫人之恩，建“通玄寺”。梁武帝中大通四年(532年)建十一级宝塔，备极庄严。唐代开元二十六年(738年)，唐玄宗诏命天下各大郡置建寺院并以年号为寺名。苏州地方官绅纷纷应诏，就此通玄寺被易名为“开元寺”。后唐同光三年，吴越王钱镠另建开元寺于盘门瑞光塔旁，至五代北周显德年间(954—959年)，钱王于此古开元寺基础上重兴建寺，且以吴主报母恩的美德及佛教报四恩(佛、国土、父母、师长)的理念，移支硎山报恩寺额于此，报恩寺之名由此盛传千秋。北宋崇宁三年(1104年)端阳节，开元寺迎请佛牙舍利，徽宗赵佶御笔书写了《佛牙舍利赞》一文，并赐开元寺号“万岁”，开元寺因此更名“报恩万岁寺”，南宋淳祐五年(1245年)，该寺又奉旨更名为“报恩万岁贤首教寺”。

报恩寺饱经沧桑，多次废兴。清咸丰、同治年间，寺内一度被太平军占据作为弹药仓库。清朝光绪二十四年(1895年)，天台宗敏曦高僧前来主持寺院，其弟子们相继募捐修理，这才收回被占殿阁并改作报恩讲寺。1924年，盛宣怀妻庄氏和李朴诚资助重建大雄宝殿，1928年，又修复楠木观音殿。1930年代初，著名人士陈去病曾在此寺皈依受戒。1965年，苏州市佛教协会和灵岩山寺出资将报恩寺宝塔大修。不幸报恩寺所有佛像都在"文革"中被砸毁，两尊一米高的檀香木佛像及一尊苏州最大高一丈六的樟木接引佛烧了三天才毁尽。2003 年 5 月，经苏州市政府重修了七佛宝殿、藏经楼、楠木观音殿等建筑，重塑了佛像。

报恩寺现存寺院规模宏大，占地 33.3 亩，22200 平方米。全寺分为塔院、后院、观音院、华藏世界、梅圃五大部分。牌坊、塔院、后院都在一条中轴线上。寺前建有一座高 11 米的四柱三欢门重檐石木结构牌坊，中间两根石柱每根重约 8 吨。坊顶翘角飞檐，檐下斗栱结构精巧。上下额坊浮雕鸟兽花卉，线条流畅浑朴。牌坊正面上下穿枋长 4 米、宽 2 米，下沿雕刻大型双龙戏珠图案，正中镶嵌原中国佛教协会会长赵朴初题写的"知恩报恩"匾额和原中国佛教协会会长一诚法师题写的"苏州北塔报恩寺"山门匾额。

著名的报恩寺塔位于北塔公园，相传是三国时孙权为报母恩所建。北寺塔为中国楼阁式，八角九层高约 76 米，雄冠江南号称"吴中第一古刹"。登高可俯瞰全城风光，古人赞曰："巍然一塔逼云寒，绝顶登临眼界宽。浅谈湖山归杖底，参差楼阁出林端。"南朝梁代中大通年间，通玄寺僧人正慧曾募建宝塔十一层，后被焚毁。北宋元丰七年(1084 年)重建，诗人苏轼舍铜龟盛放舍利供奉塔中。建炎四年(1130 年)金兵南侵，塔与寺同毁。现存之塔为绍兴二十三年(1153 年)行者金大圆主持募建的九级塔。明清几度修葺，1965 年至 1967 年又全面整修。报恩寺塔为九级八面砖木结构，塔身由外壁、回廊、内壁、塔心室组成。外壁挑出木构腰檐、平座、八面辟门。塔心室砖砌斗八藻井等仿木构装饰复杂华丽，是宋代的代表作品。

报恩寺素有"吴中第一古刹"之称，处薰、传教、广宣、德岩、法律、性月等历代高僧传承华严宗风，引来文人雅士探幽寻胜。赵孟頫曾在此作画题诗；高启、杨基、沈周、张凤翼等为它吟咏；阎复、黄晋、宋濂、祝允明、王世贞等也曾为寺作记镌碑。乾隆二十七年(1762 年)三月二十七日，清高宗弘历第三次南巡至苏州游报恩寺即赐匾额楹联。皇册记载，乾隆四十五年(1780 年)三月，高宗第五次南巡至苏州时，"銮舆至报恩寺前，士子跪献诗册，上命收进"。

苏州木渎·灵岩山寺

灵岩山寺位于苏州市南郊15公里木渎镇西市梢灵岩山顶。

灵岩山寺旧址为吴王夫差为讨西施欢心所建的馆娃宫，宋代改名“显亲崇报禅院”，唐朝称“灵岩寺”。东晋末，司空陆玩曾居此山舍宅为寺。梁天监二年(503年)扩建为寺院，取名“秀峰寺”，唐时改称“灵岩寺”。据传为竺法护所译《大哀经》中智积菩萨应化之道场。唐玄宗天宝年间(742—755年)，天台宗中兴之祖道遵曾在此地修法华三昧。宋初，灵岩寺一度成为律宗寺院。元丰年间(1078—1085年)改为禅院。南宋绍兴年间(1131—1162年)，御赐抗金英雄韩世忠荐先福名，敕改寺名为“显亲崇报禅寺”。明洪武初年，又改名“报国永祚禅寺”。明代历经战火摧毁。直至宣统三年(1911年)，真达法师住持本寺并与妙真法师协力大举复兴堂舍，殿宇渐全，跃为江南名刹、江南著名的佛教圣地，也成为我国著名的佛教净土宗道场之一。

灵岩山寺开创之后高僧辈出。宋代以后，园照、慈受、佛海，元之石湖、清之弘储等均为著名高僧。1931年，中日战争后，莲宗十三祖印光大师常住本寺。1937年冬，印光大师定居该寺，远近缁素一时蔚集，为此，印光大师将寺院改为十方净土道场，名崇报寺，后又易名灵岩山寺。当时，印光大师参照《百丈清规》等各类丛林规约，制定了灵岩山寺共住规约、念佛堂规约、僧值规约等院规，从而成为我国第一座严禁讲经、传戒、传法、收徒、经忏等佛事，而专修称名念佛之净业的东南净土宗著名丛林道场之一。1940 年，印光法师示寂于此，荼毗后得五色舍利，奉置寺中。

“文革”中，灵岩山寺遭到破坏，直至 1979 年开始陆续修复。1980 年末创办了“中国佛学院灵岩山分院”。1983 年，该寺被定为全国重点寺院。现任住持明学大和尚。

灵岩山寺的东侧有一座灵岩塔，又名“多宝佛塔”“永祚塔”。初建于梁天监二年(503 年)，南宋绍兴十七年(1147 年)重建，解放后几经维修。塔高 33.4 米 ，七级八面，黑瓦黄墙，古朴凝重，与整个寺院浑然一体，成为灵岩山的标志。寺内主要建筑有山门、天王殿、大雄宝殿、念佛堂、藏经阁、灵岩寺塔、智积殿、钟楼、香光厅、“印公塔院”等。其中，灵岩寺塔位于大雄宝殿东侧，别名多宝佛塔，始建于南朝梁代，五代吴越、南宋绍兴十七年(1147 年)两次重修。塔九级八面，木构腰檐及塔刹于明万历二十八年(1600 年)被雷火焚毁，仅存砖砌塔身。如今，修复后的佛塔凌空高耸，与三重飞檐之钟楼相呼应，成为灵岩山之突出标志。

灵岩山寺镇寺之宝为唐寅书《落花诗》。寺内有大小碑刻 147 块，系宋、元、明、清时所刻。灵岩山寺的藏经楼内藏有佛经四万八千余卷，其中有元代《普宁藏》之孤本;此孤本原系康有为珍藏，几经辗转始入寺。

通向灵岩山寺的山径风景秀美，一径穿亭、苍翠迎人、落红夕照、塔院松风、醉僧待渡、越女遗踪、太湖在望、箭泾采香、秀峰古刹、灵岩塔影、萧寺钟声、万家灯火、山馆拥翠、吴宫遗址、山顶花园、修廊响屧、琴台浴晖、蕲岳同辉等十八景历历在目。李白、韦应物、白居易、刘禹锡、苏东坡、范仲淹、范成大等历代名人曾沿径登临，留下了四百多首脍炙人口的诗篇。明代文学家袁宏道称灵岩为“山不甚高而幽奇甲于吴中”。

苏州虎丘山·云岩寺

虎丘寺位于苏州西北部的虎丘，因虎丘原名海涌山，所以虎丘寺又名海涌寺。

据后汉《越绝书》记载，春秋吴国时期，吴王夫差葬父阖闾于此，葬后三日有白虎踞其上，故得名虎丘。虎丘寺依伏于虎阜，山形酷似蹲虎，历来被誉为“吴中第一名胜”。东晋时期，司徒王列与其弟司徒王珉曾在山中分建了两座别墅。咸和二年（327 年），两人舍私宅改建了虎丘山寺，并分别为东寺与西寺。唐武宗李炎崇尚道教，出现“会昌灭佛”运动，致使寺内的建筑及佛像被毁，寺院土地财产被没收。佛教复兴后虎丘寺重建，合二寺为一寺，并从山下迁移到了山上。唐初，为避太祖李虎讳而改名“武丘报恩寺”。清代，康熙六次、乾隆三次巡游，虎丘出现了又一兴盛时期。山上增建了多处建筑。康熙四十六年（1707 年），康熙皇帝御笔亲题“虎丘禅寺”匾额。

虎丘寺法脉承续延绵。南宋时，高僧绍隆在虎丘山寺创禅宗临济宗“虎丘派”学说，绍隆因此被人尊为临济十二祖，其影响至今不衰。在日本禅宗的四十六派中，出于绍隆流派的就有三十六派。元、明、清各代，虎丘山寺屡有兴建，香火鼎盛，名播远扬，是当时吴地最重要的佛教圣地。东晋著名高僧竺道生（355—434 年）在北方主张“顿悟成佛”和“一切众生悉有佛性”的佛性论学说，遭当时佛教界摈遣后投奔虎丘继续弘法，至今虎丘山上还留有生公讲台遗迹。

南朝陈代和隋仁寿元年(601 年),山寺开始修建佛塔。虎丘现有的佛塔云岩塔是后周显德六年(959 年)至北宋建隆二年(961 年)吴越国时期所筑。它耸立于山腰,成为虎丘寺的精华。这座塔始建于五代吴越晚期,为八角七级仿木结构阁楼式,通高约 47 米,塔身由下到上逐层内收递减,极富韵律感。塔上的平坐、腰檐、枉额、斗拱及门窗等设计精美。塔内有回廊、塔室,通过各层的木梯,可供登塔远眺,被称为“江南第一古塔”。

虎丘山为中生代火山爆发堆积,曾为海中一小岛,古称“海涌山”。虎丘寺依山而筑,山门后一座清秀雅致的“海涌桥”横跨于环山河上。路旁奇形怪石存显海浪冲击痕迹,虎丘寺内曾有过的海泉亭、海宴亭、望海楼等胜景都令历代文人墨客折服,留下“海当亭两面,山在寺中心”“尝疑海上峰,涌起自天外”等诗句。

虎丘寺各层殿宇相得益彰,整个虎丘山包绕于殿宇楼阁,有“山藏寺内”之说。五代十国,吴越国钱氏治理苏州数十年,大事修建佛寺,构筑园林。北宋时期,虎丘佛教极为兴盛,知州魏庠奏改寺名为“云岩禅寺”,塔即称“云岩寺塔”。宋、元、明、清时期,虎丘寺先后发生多次兴废。1863 年,太平军苏州保卫战发生在虎丘,战后虎丘殿宇楼阁残破不堪,仅留残败的云岩寺塔和二门山。

1918 年,费仲深、金松岑等吴中名士,修建了冷香阁并种植百株红绿梅,虎丘成为当时赏梅胜地。此后,他们又不断修建了山门、石观音殿、申公祠、至爽阁、可中亭等建筑,这些都在八年抗战中被毁灭。现存建筑多为清末以后重建。

宝历元年(825 年),诗人白居易任苏州刺史时,在山前开河筑堤,引运河水至阊门,并于堤上栽桃柳两千株,人称七里山塘“白公堤”。同时,又绕山凿溪,引水环山,使得虎丘山水相映、水陆交通方便。南宋绍兴初(约 1131 年),高僧绍隆到虎丘讲经,一时众僧云集,声名大振,遂形成禅宗临济宗的一个派别“虎丘派”。当时东南大丛林号“五山十刹”者,虎丘居其一。元代至正四年(1341 年),山寺重加修复,新建有“断梁殿”之称的二山门。

《苏州府志》记载,在唐代德宗约贞元九年(793 年)至十七年(801 年)间,晚年的茶圣陆羽也曾长期寓居苏州虎丘,研究茶学及水质对饮茶的影响,在虎丘山上挖筑一石井,即“陆羽泉”。唐代品泉家刘伯将它评为“天下第三泉”。如今佛寺茶亭小歇,亦成为了虎丘寺吸引世人的景观之一。

苏州城中·定慧寺

定慧寺位于苏州市凤凰街定慧寺巷 34 号，山门北向，是一座建筑风格独特的千年古刹。

唐懿宗咸通二年(861 年)，吴门名流盛楚创建了"般若院"，这便是今天定慧寺的肇始源头。五代十国吴越武肃王钱镠治苏时(907—931 年)得以修复，易名为"罗汉院"。北宋太宗雍熙年间(984—988 年)，郡人王文罕兄弟出资重修原有寺院增建殿宇，于是有了"西方院"和"有藏院"。王氏兄弟还添建了相互对峙的东西两塔——现在的双塔。因此，罗汉院又俗称"双塔寺"。北宋至道元年(995 年)，宋太宗"敕赐御书四十八卷"，次年罗汉院改名为"寿宁万岁禅院"。天禧年间(1017—1021 年)，西方院与寿宁万寿禅院分开，称"定慧禅院"，形成定慧寺前身。

元朝时期，定慧禅院再次被毁坏，明洪武年间(1368—1398 年)重修，明正统时(1436—1449 年)，苏州郡守况钟重修了大殿并改定慧禅院。清康熙年间(1662—1722 年)，乡绅唐尧仁出资重修了大雄宝殿、观音殿及弥勒殿。道光元年(1821 年)乡绅胡斑再次重修。咸丰时期，内忧不止外患频仍，定慧禅寺再次毁于战火。同治三年(1864 年)，本修法师募资重建。1926 年，僧灵馨募资重修，定慧寺才得以遗存至今。

1991 年冬，大殿修缮出新至今。定慧寺现存清代山门、天王殿、大殿等建筑，大殿为单檐歇山造，面阔三间 19 米，进深 18 米，高约

12 米，坐北朝南，四周檐柱为抹角石柱，檐下布列象鼻昂枫拱托十字牌科，大殿梁架扁作结构完整，殿前两株树龄 200 余年的古银杏并峙，夏日浓荫如幄。

定慧寺东西并立的双塔，分别寓意着定与慧，成为定慧寺显著标志。双塔为结构相同的七层八角楼阁仿木结构砖塔，塔高约 33.3 米。双塔腰檐微翘翼角轻举，外观玲珑秀丽，赭红色的砖结构柱额斗拱与乌瓦黄墙相映成趣，为我国楼阁式古塔中仅存范例。

宋代著名文学家苏轼曾与定慧寺住持守钦法师亲近友善，往来苏州时必寄寓寺中。神宗元丰三年（1078 年），苏东坡因“乌台诗案”之累被贬到黄州（今湖北省黄冈县）任团练副使。初到黄州，苏东坡下榻当地定惠（古语通“慧”）寺，与寺中海常禅师往来交谊。苏轼与王安石变革派相悖，仕途淡漠便求诸山水之乐、禅意之奥，于是作赋名篇《记游定惠寺》和《定惠院寓居月夜偶出》，为此，海常禅师特于寺内为其建造寓所，名为“啸轩”。哲宗元祐六年（1091 年），苏轼官至杭州并往来于苏杭两地。当他闻知苏州也有定慧禅院，黄州旧景即浮眼前，于是只身往探并拜谒了颙禅师。颙禅师得知苏轼与定慧寺前缘，便在苏州定慧禅院为他修造居所，依旧取名“啸轩”。为此，苏东坡作诗《定慧院颙禅师为余竹下开啸轩》以作答谢：“啼鴂催天明，喧喧相诋谯。暗蛩泣夜永，唧唧自相吊。饮风蝉至洁，长吟不改调。食土蚓无肠，亦自终夕叫。鸢贪声最鄙，鹊喜意可料。皆缘不平鸣，恸哭等嬉笑。阮生已粗率，子孙亦未妙。道人开此轩，清坐默自照。冲风振河海，不能号无窍。累尽吾何言，风来竹自啸。”二人禅理相推，诗意相悦，传为佳话。

北宋哲宗绍圣二年（1095 年），苏轼再度被贬至惠州（今属广东省），苏州定慧禅院守钦禅师特命卓契顺居士前往探询，并带去钦禅师所作《拟寒山十颂》以相切磋。苏轼吟罢，作《次韵定慧钦长老见寄八首并序》相唱和。其中最能体会定慧禅院禅境的一首是：“铁桥本无柱，石楼岂有门。无空五色羽，吠云千岁根。松花醉仙酒，木客馈山飧。我醉君且去，陶云我亦云。”这段轶事见于《坡公集》。

无锡横街·惠山寺

惠山寺位于无锡惠山秀嶂街，即惠山直街和横街交接处。

惠山寺始建于南北朝。它的前身是南朝刘宋司徒右面长史湛挺隐居的“历山草堂”，曾与南平王刘烁有诗章唱和，南齐著名诗人江淹特来此堂，凭吊湛挺，写了诗章。后人将湛挺、刘烁、江淹的诗章列于壁间，一时成为文人聚集的名胜之地。

景平元年(423 年)僧人将此名胜改称“华山精舍”成为佛教圣地。梁大同三年(537 年)兴建“大同殿”改称“法云禅院”。唐会昌法难后，重建改称“惠山寺”。北宋至道二年(996 年)，宋太宗赵光义赐额“普利院”，靖康年间曾赐给抗金名相无锡人李纲为“功德院”。南宋绍兴初年(1131 年)又赐给信安郡王孟忠厚以祀孟太后，改额“旌忠荐福禅院”。元朝末年毁，明洪武元年(1368 年)僧普真重建。清朝咸丰年间毁于太平军，后经江苏巡抚李鸿章在惠山寺废墟上建造了昭忠寺，惠山大殿成为清代祠堂建筑。如今在原先惠山寺大殿废址上复建了大雄宝殿和其他建筑。

惠山寺占地宽广，最东端古华山门为惠山寺头山门，黄墙壁立，顶端有宝焰明珠，墙头有鱼化龙装饰。拱门上“古华山门”和“胜地名泉”砖刻是惠山寺原物。

在古华山门内侧，左右各耸立一坐古石经幢——南侧为唐代佛顶尊胜陀罗尼经幢，北侧为北宋普利院大白伞盖神咒幢。两幢中间相距 10 米，分别由 15 块大小不一的圆形湖石组成。唐佛顶尊胜陀罗尼经幢建于唐乾符二年(876 年),幢身为八棱形石柱,遍刻佛顶尊胜陀罗尼经。宋普利院大白伞盖神咒幢,建于北宋熙宁三年(1070 年),形制和大小与唐经幢基本相同,幢身经文为大白伞盖神咒。

古华山门后有始建于明朝正统十年(1445 年)的飞檐翘角两层古建筑金刚殿。金刚殿后有池水一泓,即陆羽《慧山寺记》中所谓“阿耨水也”。世称日月池,池水与天下第二泉相通,池上有香花桥一座,凿于南北朝元徽年间。香花桥,古色古香,小巧玲珑;日月池,水清如碧,池壁有一螭吻。它们都是根据佛经“信佛升天,进入无量寿国之天,日月飞升,天佛放大光明,以香花伎乐相迎”之句命名。

惠山寺二山门后有另一个石砌方池——金莲池,跨一座古色古香的石桥,桥下水池种植金莲。花似莲而小如水仙,色黄而香,是睡莲科植物。金莲池上金莲桥建于宋代,上镌有“懋德堂李府”一款。金莲桥,三孔,由 12 块石梁分三排架成,刻着四个鱼首和四个螭首,桥面两侧华版上,雕刻着宋代典型的“牡丹花叶和男女儿童”图案。两侧石栏杆,由莲花望柱和透空石栏板组成,整个石桥造型优美,雕饰华丽。

在金莲桥西是一座庄严的重檐歇山建筑,有独特的风格。亭中树乾隆御碑。清朝乾隆六次下江南,都到无锡,每次都为惠山寺写了诗章。正面为乾隆辛未年作:“寄畅园中眺翠螺,入云抚树湿多罗。了知到处佛无住,信是名山僧占多。暗窦明亭相掩映,天花涧草自婆娑。阇黎公案休拈旧,十六春秋一刹那。”背面为乾隆丁丑年作:“九陇重寻惠山寺,梁溪遐忆大同年。可知色相非常住,惟有林泉镇自然。所喜青春方入画,底劳白足试参禅。听松庵静竹炉洁,便与烹云池汲圆。”两侧还刻有乾隆壬午年和乾隆庚子年所写的诗两首,均用第一首诗的原韵。

唐朝时惠山寺里有两棵六朝松,大可容抱,苍翠浓郁。松下,安置着一块天然大石,石质坚润,呈暗紫色,石面平坦,翘起一端若枕,俨然一天然石床。在石上坐卧,可静听松涛。唐大历年间,李阳冰篆书“听松”两字,“听松石床”便由此而得名。晚唐诗人皮日休在这里谛听松涛后,写有诗:“千叶莲花旧有香,半山金刹照方塘;殿前日暮高风起,松子声声打石床。”

惠山泉即天下第二泉,泉水含丰富的矿物质,甘冽可口,为煮茶佳品。唐代茶圣陆羽评为“天下第二”。皮日休有诗讽喻道:“丞相常思煮茗时,郡侯催发只嫌迟;吴关去国三千里,莫笑杨妃爱荔枝。”北宋苏东坡多次慕名来品泉,有“独携天上小团月,来试人间第二泉”的诗句。宋徽宗时将泉水列为贡品。

至于建于明代的寄畅园,出名却是因为清代的两大闲人——康熙和乾隆,二人南巡至无锡必游此园。乾隆则命画师照本描绘,回京后在现在颐和园范围内

“山寨了”一园，取名“惠山园”(谐趣园)。可惜这座千年古寺于清朝末年彻底毁于太平天国的战火，目前的建筑多为现代重建的，仅有唐宋石经幢、宋代古桥，清代御碑等为历史原物。

唐宋石经幢为整个锡惠公园内最古老的文物，共两座，位于惠山寺山门前。南侧的建于唐乾符三年(876 年)，幢身上刻“佛顶尊胜陀罗尼经”，又称陀罗尼经幢;北侧的建于北宋熙宁三年(1070 年)，幢身上刻“大白伞盖神咒”，又称大白伞盖神咒幢。

无锡南隅·南禅寺

南禅寺位于无锡南隅、古运河畔。

据《无锡县志》记载，南禅寺建于南梁武帝太清初年(547年)，为南朝四百八十寺之一的江南名刹，旧称“梁溪丰大刹，首惠山，次南禅”。北宋天圣年间南禅寺重建，宋仁宗赐名“福圣禅院”，不久宋仁宗又为与南禅寺相对应的北禅寺赐名“寿圣禅院”。同一皇帝，给无锡城两寺院分别赐以“福圣”“寿圣”之名，带给无锡佛教一片兴旺景象。当时南禅寺建筑规模宏大、高僧人才辈出，又称“江南最胜丛林”。

南禅寺有一座七级八面、高达43米的妙光塔古塔。传说为了制服水患才把此塔立在羊腰湾与运河的交会处。据《南禅寺记》记载，北宋雍熙年间(984—988年)有一位僧人持钵而来，走进庙中忽然不见了踪影，从此之后寺壁上就经常浮现出这位僧人的影子，人们认为他就是一尊佛，便在此寺壁旁建造佛塔，后来又从苏北泗州接来了三尊佛像。明代进士无锡人张思安在《南禅寺重修塔碑记》中说：“院之西有溪，曰‘梁溪’，溪之脉与惠山第二泉通。父老相传云：昔有巨蛟蜿蜒其中，每天地晦暝，辄兴风雨，喷腥涛，居民震怖，商贾怀忧。雍熙中，有异僧驻锡于兹，谕于众曰：苍龙在耳，宜建浮屠(宝塔)以镇之，则蛟自潜，民安业矣。”这些传说使南禅寺名声大振。

到了北宋崇宁三年(1104年)，徽宗赵佶赐塔名为“妙光塔”。妙光塔系楼阁式砖塔，八角七层，总高 43.3 米，是“无锡八景”之一，晴日宝塔之影可以落到数里外的一座桥下，故名“塔影桥”。妙光塔有着许多奇闻异说，最神奇的是它在雷电天气中发出过五颜六色的妙光并且直冲云霄。

妙光塔历经多次劫难，现存建筑都是明正统年间所建。1925 年，荣宗敬、荣德生、唐申伯等人出资对妙光塔进行了修复。1930 年，妙光塔下曾经成立过游民习艺所。1980 年，当地政府拨专款予以全面整修。1993 年，妙光塔按照北宋时期的原样修葺一新并重新对外开放。如今，南禅寺经过二十多年的建设，已经形成了商业用房 9.5 万平方米、规划建设了 12 万平方米的佛教主题文化商城。妙光街被无锡市定为旅游一条街。

扬州瘦西湖·观音山寺

观音山寺位于扬州瘦西湖的蜀冈东峰观音山(旧称功德山)上。

相传观音山寺为隋炀帝行宫“迷楼”故址。后人为了记取历史教训,在迷楼旧址上建了“鉴楼”。宋绍圣二年(1095年)晁补之在山上建造摘星亭,又名“摘星楼”。元代,申律和尚化缘在此建庙,明洪武十二年(1379年),惠整和尚续建。初名“功德寺”,又名“功德林”,山亦名“功德山”。明末清初,因寺中主供观音菩萨,改名为“观音禅寺”,山名也改为“观音山”。清成丰年间,清军与太平军作战,观音寺遭毁。:顺治中期修复,光绪年间,寺庙又被大火所毁。后又由润之、至岸等和尚化缘,重建庙宇,再塑佛像。

观音山是山寺的代表,它处蜀岗东峰,因其地势在扬州最高,所以不强调对称,而是在山体顶峰,随山势筑殿。山上古树蔽日,红墙高耸,楼殿参差,山与庙俨然一体。其特点一是曲折幽深,从山前道路上山,曲折逶迤,攀登到顶,砖铺山道,蜿蜒而陡峭,两旁如城墙上的女墙,因而有“小长城”之誉。其特点二是“险”——寺处山巅,以块石垒基,建筑皆气宇轩昂,崇楼杰阁。山下仰视,悬崖上危楼对峙。这里的树林叫“云林”,此处的池塘为“天池”,此处的楼为“摘星楼”。高宗南巡时,曾赐一联“渌水入澄照,青山犹古姿”,横批“峻拔为主”,将其险峻之态恰当地概括出来。

山上有圆通宝殿、迷楼、紫竹林、上苑等建筑。这些建筑都不在同一中轴线上。比如山门殿，坐西面东而建，而天王殿和圆通宝殿则坐北朝南，你正以为无路可走时，绕过偏殿 ，则入紫竹林，登几级台阶，又见迷楼出现在你面前。古代墨客勾勒过这里的景致："楼阁高下，轩窗掩映，幽房曲室，玉栏朱木盾，互相连属，回环四合，曲屋自通，千门万户，上下金碧。"

观音山的佛像是很有特色的。这里的佛像不同于一般寺院以"释迦牟尼"为主像。此处以"菩萨"为主体，同时供奉四大佛教名山菩萨，院落东侧房中为文殊菩萨，西侧房为普贤菩萨，文殊殿后为地藏王殿，在四大菩萨中又突出观音菩萨，主殿圆通宝殿中供奉观世音菩萨巨型坐像。观音山的佛像，美学价值极高。古代的雕像家逐渐将世俗融汇于佛教虚幻之中，其塑像造型力求塑出人物的不同神韵，观音山的三十二应身，不仅面型、衣着、动态各尽其妙，无一雷同，更重要的对人物神态的细部处理力求呈现人物不同性格，衣裙褶纹飘飘欲动，栩栩如生。

观音山寺的圆通宝殿有一个三层"千佛宝鼎"（俗称"万年福鼎"），殿中主塑观音菩萨佛像，故此殿又名"观音殿"。观音菩萨塑像高高地站立在莲花台上，两旁侍立着善财、龙女。两厢有十八罗汉。背后有海岛，海岛正中，观音菩萨站在鳌鱼头上。

观音殿两侧有配殿，分别塑供眼光菩萨、火星菩萨、雷公、菩萨、痧神、痘神等神像。观音殿西有一小院，院北有一小殿，殿中供奉一尊玉观音。殿前有紫竹林，传说观世音喜爱紫竹，故观音寺多植紫竹。观音殿后面是"大悲楼"，楼上塑有"千手观音"像，楼下也有塑有观音像。大悲楼东边有"鉴楼"，楼上供有"送子观音"。大悲楼后面有一池塘，叫做"天池"，据说清代乾隆皇帝曾用此池水泡蜀冈茶。

观音山寺的天王殿正中增设一个描金佛龛，迎面供弥勒佛，背后是护法神韦陀菩萨。观音殿内的观音菩萨金身，高高地坐在莲花台上，两厢改为观世音菩萨的三十二应身（即除主像之外的三十二化身），将十八罗汉移至观音金像背后的"海岛"之上。观音殿两侧的配殿内，不再是"杂神"，而分别是专司"理想"、表"大行"的普贤菩萨，专司"智慧"、表"大智"的文殊菩萨，救度地狱中"罪鬼"的地藏菩萨。这样，集四大菩萨（浙江普陀山的观音，山西五台山的文殊，四川峨眉山的普贤，安徽九华山的地藏）于一寺，使香客进一庙可敬四山佛。如今，观音山寺是观音菩萨道场，每到观音庙会都有十几万人上山拜佛。

扬州古运河·高旻寺

高旻寺位于扬州市南郊古运河与仪扬河交汇处的三汊河口，与镇江金山寺、常州天宁寺、宁波天童寺并称我国佛教禅宗的四大丛林，是驰名中外的清代扬州八大名刹之一。

高旻寺创建于隋代，屡兴屡废数易其名。清初顺治年间，漕运总督吴惟华因扬州频遭水灾，获赐地重建寺院。康熙第三次南巡时为皇太后祝福，特拨皇银加以修葺。康熙四十二年(1730 年)，康熙第四次南巡扬州时曾登临寺内天中塔，极顶四眺有高入天际之感，故书额赐名为“高旻寺”。“旻”意即“天”，康熙盛夸该寺直入云霄高入天际，至今，寺庙山门依然嵌有康熙手书汉白玉石额“敕建高旻寺”。其后，康熙又曾赐金佛一尊给高旻寺。康熙第五次和第六次南巡，乾隆的六次南巡都曾在此下榻。院中现存的四个旗杆墩，青石所制，厚重工稳，雕镌细致，足以反映当时接驾的隆重场面。

为感圣恩，两淮盐商百姓纷纷捐款修造高旻寺，使其规模迅速扩大。最盛时，除应有的大山门、大殿、禅堂外，还有无梁殿、金佛殿、御书楼、御牌坊、禅堂、客舍、僧寮、斋堂等。不仅成为当时扬州八大名刹之首，而且与镇江金山寺、常州天宁寺、宁波天童寺合称我国佛教禅宗的四大丛林。

该寺是临水寺，建筑活泼轻灵、曲折幽深，将佛教建筑形态推向民居化和园林化，世俗格调隐约显现其中。新建的禅堂，现存的老禅堂、念佛堂、藏经楼、西楼、水阁凉亭、寮房各抱地势，高低错落，自得天趣。正如乾隆所作的《自高旻寺行宫再游平山堂即景》诗云:"春风行馆憩天宁,早见平山黛色青。便进湖船漾新碧,且看夹岸画为屏。"近日,高旻寺新增"钟之巅",它为十六角等边腰鼓形建筑,底座直径为30米,上端直径为36米,高58米,最上层悬挂一口宝钟,重10吨。

高旻寺的修行特色在于"坐禅",即坐禅以香计的"坐香"。古语有云:"金山腿子高旻香,天宁寺放参盖三江",恰恰说明高旻古刹的这一支静香流传深远。如今,坐香禅堂共有两座,内部周边环设禅床,中间供佛像,打禅时面向中间佛祖。据说,康熙皇帝南巡至高旻寺也曾"坐香",被下座打了一香板之后才稍稍静下心来打禅。目前的禅堂由德林法师亲自设计,堂高18米,建筑面积365平方米,呈不等边八角形状,青砖绿瓦,古朴典雅。堂内光线柔和,清静整洁,可容三四百人同时打坐参禅。新禅堂的建立,继承和发扬了高旻寺坐禅打七"一支香"传统。

寺庙还新修了方丈室、接待室和大雄宝殿。重建的大雄宝殿规模宏大,采用钢筋水泥结构,到1991年底,主体建筑基本完工。古老的高旻寺以新的姿态展现在人们面前。

高旻寺的天中塔犹有特色。清代曾诗赞"宝塔一层灯一层,灯光直上天光下。一更二更灯初红,照见隔水清芙蓉。十里五里灯尚见,明星隐约疏林中。"新建的塔有9层,高72米,呈八角形,供72尊玉佛。

高旻寺最重要的高僧是月朗法师和来果法师。来果法师(1881—1953年)俗姓刘,法名妙树,号净如,湖北黄冈人。光绪三十三年(1907年),来果法师至金山,以悟为期,单参"念佛是谁"之话头,至光绪三十四年九月,闻开静声响,猛然醒悟。后遁居终南山,驻足金山,承法高旻寺拜月朗方丈为师。他住持高旻寺期间,整顿寺院,严行戒律,革除积弊,恢复旧制,成绩显著。寺中的宝塔、大殿、禅堂、延寿堂、如意寮等建筑都得到修建,使高旻寺初具规模。

来果法师矢志恢复高旻旧制,每谓高旻乃禅宗门庭,凡来寺参学者,只许坐香,其他闭关、念佛、讲经、学戒、大小经忏佛事等悉行禁止。他复整治丛林规矩,制定高旻寺规约。故有云:"天下丛林不止单,守禅制者,独有高旻寺耳。"

宜兴烟山·福源寺

福源寺位于宜兴西南二十五公里处方圆十余里的烟山。福源寺原名正源禅院，始创于唐代，是在晋代“三贤祠”的基础上建造的，最初是庵，元代改为福源寺。至宋代，其庙宇僧舍已颇具规模，成为当地有名的佛教圣地。元代初始，香火渐淡。直至至元正二年(1342年)一源禅师云游到此，见山门前有一眼石井，井内泉泛如沸且大旱不竭，故视其为福并称之为“福源”，于是发心重建寺院。元朝末年禅院遭兵毁，栋宇颓圮僧侣寥落。明朝正统四年(1439年)，丁伯澄和侄子丁王旬捐出山田百余亩，给僧人普祥禅师重建宝殿并修筑回廊，丁伯澄之甥吴佑又捐修了正殿。从此，在普祥禅师主持下，僧众日增香火日盛，回廊环绕山门宏伟、大殿庄严后殿幽雅，成为宜兴西部主要佛教和旅游之地。继普祥禅师之后，方镜禅师再度努力，兴建禅堂、山门、观音大士殿宇等，终使福源寺成为方圆百里的大型寺院。

清顺治八年(1651年)，丁氏松庵祠捐资，由临济一代宗师幻有正传的弟子圆融禅师重建。康熙和乾隆年间，在明德禅师主持下，丁祠再捐重资扩建，使寺院大殿雄伟庄严、禅房曲径通幽、回廊秀洁，栋宇巍峨，势若参天，达到鼎盛，成为县西南所有寺院之最。太平天国时期，庙宇毁于战火。光绪三十三年(1907年)明修僧接管，经与丁氏田主合力经营，于1912年再修大殿重筑围墙，又经数年励精图治，使庙宇建筑达百余间之多。

在抗战时期，福源寺成为了中共游击队活动区，新四军将领粟裕、谭震林、石中汗曾先后率部在此活动并在庙里开设抗大教育点，由石中汗讲解宣传抗日。1944 年冬，日伪军将福源寺付之一炬，大火熊熊持续三天三夜，可见当时的寺院规模之巨。1949 年解放后，寺内只剩残房数间，破败不堪，一名僧人难以维持。残房材料也被拆建小学校，寺院消失。1995 年，当地群众自发募集重建福源寺，由于原址被宕口开采石料，就在山脚下 200 米处建 9 间茅房.

1996 年，宜兴市人民政府批准烟山福源寺为佛教活动点，现寺院占地百余亩，建有天王殿、大殿、龙王殿、观音殿、三圣殿、地藏殿、僧房、寮房等，建筑面积 3000 多平方米。寺院已初具规模。有待各方信众好善乐施，使寺院面貌得以不断改善，重现辉煌.

如今，福源寺隐身万山丛中，独领寺中少有胜景。正如明人有诗云："入山不见寺，深在万竹中"。

徐州云龙湖·龙华寺

龙华寺位于徐州云龙湖南岸大山头孟家沟一带。

徐州是中国佛教的发源地，不仅诞生了中国最早的佛寺“浮屠仁祠”和我国第一宝塔“九镜塔”，还孕育了中国历史上第一个佛教徒楚王刘英以及我国第一个女出家人净检法师。

据果光法师介绍，他在研读郦道元（466—527 年，北魏时期人）《水经注·泗水篇》时曾经发现一段文字，上云：“（泗水）又东南过彭城县东北，西有龙华寺，是沙门释法显远出西域，浮海东还，持龙华图，首创此制。法流中夏，自法显始也。”可见，建造龙华寺的就是比唐僧玄奘西天取经更早 231 年的东晋高僧法显大师。

法显是东晋高僧。晋隆安三年（399 年），62 岁的法显为求佛律平息教派纷争而携十徒从长安出发西行抵达天竺（印度），并先后走访了三十多个国家。晋安帝义熙八年（411 年）9 月，法显乘商船从斯里兰卡循海东归，顺风漂至青州长广郡牢山（今山东青岛崂山）登陆。当时的长安姚秦政权危在旦夕，随着一代禅师鸠摩罗什去世，佛教译场衰败，致使法显在彭城徘徊选择。恰逢北徐州刺史刘道伶、刘怀慎盛情款待，法显接受两位资助，便按照自己在印度绘制的龙华图（印度佛教寺院院落图，梵语为奔那伽）及佛像，创建了汉地第一座融合印度风格早期佛寺佛塔，并将龙华图安放塔内供养，故此寺取名为“龙华寺”。法显安居其内一年，整理了在印度初译的《贝叶经》，写作了《天竺游记》（即《佛国记》），并与庐山慧远法师书信来往。当时，慧远乃江南佛教领袖，得知其事"闻风而悦"，派人传递书信详问法显"游历所经"。

当然，由法显大师所建的龙华寺现已不存。南宋建炎二年（1128年），金国军队逼近都城，高宗赵构南逃，东京留守杜充于滑县李国渡决开黄河以阻金兵，河水夺泗入淮，龙华寺被淹。以后黄河又多次泛滥，于是这座具有异国风情的徐州龙华寺被埋入地下8米。

如今，位于徐州经济开发区蟠桃山的凤凰山龙华寺佛教文化景区正在兴建，投资达3个亿，全部建成约三年。未来的龙华寺佛教文化景区主要由龙华寺及周围五大文化景区组成，龙华寺由天王殿、过去七佛殿、天冠弥勒阁等组成，龙华寺气势宏伟，天冠弥勒阁设计达20层楼高。

文化景区的建筑包括：山门、莲花池、莲花铺装、宝阁瑶池、寿星、万寿无疆壁、送子观音殿、弥勒文化研究所、天龙八部广场以及凤凰国际大酒店、五行养生园、养生植物园、书画长廊、庙会商业街、四方神兽、百鸟朝凤门、月下老人、摇钱树、双喜临门等佛教题材的互动项目。建成后，景区将成为我国东部地区最大的佛教圣地，并能够极大提升徐州地区的佛教文化品位。

徐州九里山·白云寺

九里山白云寺位于楚汉相争的千年古战场——九里山西段团山西坡，为历来为禅宗古刹。

白云寺，始建于唐代贞观年间，它延续了宋、元、明、清共五个朝代。千百年来，风云变幻，白云寺也历经沧桑，数度兴衰。元末正至年间(约1345年左右)，白云寺接受当时九里山平山口平山寺僧人接管护持。并成为平山寺分院。清朝乾隆五十六年(1791年)，白云寺曾经大修，并留下乾隆皇帝的题诗碑刻“神迹千秋仰，仙踪万古流”，至今依然清晰地镶嵌在白云寺内洞口两侧。1930年，当时住持僧纯朴法师再度重修，抗日期间又遭日军破坏，文革期间变成危房。改革开放以后，徐州市加快旅游事业兴旺发展，深度了挖掘九里山两汉文化的人文资源，1994年在当地政府牵头重新维修白云寺，千年古刹重放光辉。现在的白云寺，正中为大雄宝殿，北为伽蓝殿，南为三星殿，整个庙宇古朴典雅，充满灵气。

白云寺最初为一座火神庙。白云寺院内供奉西方三圣的大雄宝殿下方，有一处鲜为人知的天然地下奇观——大型石灰岩钟乳石景观溶洞白云洞。白云洞在苏北地区独一无二，苏鲁豫皖四省之内极为罕见，具有五百多万年历史。白云洞宽40米，长60米，冬暖夏凉，深不可测。据《魏书》记载，此洞向东可通大海，向南可通黄山。相传古时每逢夏秋交会的清晨，常有一团白云从寺内洞中冉冉升起飘向西南空中，其间有一条青龙随云上升，好似迎接菩萨点化，极有灵气，于是人们将位于洞口的这座寺庙称为“白云洞”。唐代常有人在白云洞和火神庙里闭关静修，后来人们渐渐把火神庙扩建成佛教道场白云寺。宋代文学家苏轼曾经参访过白云寺与白云洞，他有诗曰：“佳处未易识，当有来者知。”

白云寺宗派传承属禅门曹洞一系。目前共有殿堂 15 间，建筑面积 980 平方米，占地约 3.5 亩。白云寺隶属徐州市佛教协会和九里区民宗局管理。

由于白云寺内供奉着一尊从平山寺移来的火神像，每逢正月初七火神生日，白云寺山周围有一场长达七天的火神庙会。正月份正是广大农民比较清闲的季节，所以前来赶庙会的人特别多，人们满怀希望火神能给自家带来吉祥和丰收。于是，庙会期间人山人海、锣鼓喧天。由于正月份天气比较寒冷，又与中国民间传统春节节日，所以经由白云寺与地方政府协商后，又把原来的正月初七火神庙会改为三月初七白云寺庙会。目前的九里山白云寺庙会已成为徐州地区与云龙山、泰山并列的三大庙会之一。

镇江五峰山·绍隆禅寺

绍隆禅寺位于镇江市东郊大港圌山风景区五峰山麓北边。据史料记载，清康熙二十三年(1684 年)，康熙皇帝南巡来到绍隆寺(当时叫莲觉寺)，看到这里三面环山，气势雄伟，如入仙境，便赐莲觉寺为“灵觉宝寺”。康熙二十八年(1689 年)，康熙皇帝再次南巡来灵觉宝寺敬香礼佛，仔细观看，觉得整座寺院像龙脉，并连声说道：“非高僧大德者不可居之。”于是，便将灵觉宝寺赐给金山寺为下院，后又赐祖师安葬塔院，并信手提笔题写“灵觉宝寺”匾额一块和一副上书“上有奇突山峰，下显真象龙脉”的包柱联，永存寺中。可惜的是，此御笔联在“文革”动乱中被毁。后由已故原中国佛教协会副会长、江苏省佛教协会会长、镇江焦山定慧寺方丈茗山法师补写以作纪念。

自从绍隆寺被赐为镇江金山寺下院后，从此，历代金山寺高僧圆寂后依次安葬建塔于此。我们看到，座座石塔不仅造型美观，而且塔铭文化底蕴深厚。其中，有被称为“清代振兴金山寺第一祖”的铁舟海高僧的塔铭篆额，由《红楼梦》作者曹雪芹的祖父曹寅所书；有使金山寺重新成为名山大刹的观心和尚的《观心大师塔铭》等。还有一些对寺院有贡献的居士圆寂后便安葬在绍隆寺后面的山上，鼎盛时塔林达三百余座。据佛教界人士称，镇江绍隆寺“塔林”规模之大，文化内涵之丰富，不仅可与嵩山少林寺媲美，而且在全国也属罕见。

绍隆禅寺始建于唐朝宝历年间(825 年)，重建于宋绍兴年间

(1132 年)。被毁之后直至明朝初年,经比丘尼募化,于万历十四年(1856 年)重新修建并更名为“莲觉寺”,并有尼姑安居。

传说绍隆寺本身建在龙地上,寺庙整体造型呈现为一条卧伏深山幽谷的巨龙:寺门前 63 级石阶为龙须,寺门呈“八”字的东墙为龙嘴,龙嘴正对数里路外馒头状横山为龙珠,寺前两旁各一棵血榉和一棵皂角树为龙角,藏经楼下殿堂中央一平方米凸地为龙舌,寺庙东西各有一口井为龙眼,寺庙西北角一块悬挂巨石为龙鼻,龙身压在圌山下,龙尾藏于长江中。

对此,谋臣建言该寺不宜住尼姑以免阴气太盛,康熙颔首称是,并传谕将灵觉宝寺赐给金山寺作为下院,后又赐为安葬祖师塔院。

绍隆禅寺曾以灵骨塔闻名四方。“文革”前有灵塔近 300 座。清代金山寺十四位高僧均安息此处。如今,共有五十多座僧塔散布在绍隆寺后的山林中,占地面积达五十余亩,一座座汉白玉石僧塔汇成的“塔林”景观。

绍隆禅寺尚存几件稀世珍宝。如明代弘治年间一口铜钟,从五台山移到金山寺后却撞不响,转置绍隆寺后其声浑厚悠远绕梁不绝。绍隆寺内还有保存完好的一对石狮,70 厘米高,一公一母分坐两旁,身披古朴青苔。奇特的是,狮身出“汗”就会预示第二天必下雨。据觐云法师介绍,这对石狮子源自明代初年,数百年来一直雄踞寺内法华楼下,日夜扼守禅院。“文革”中,这对石狮被人偷偷挖走卖钱。1985 年,他在镇江市博物馆内发现石狮,经长达 6 年交涉后,1991 年石狮终于回归绍隆寺,成为现在的镇寺之宝。

另外,绍隆寺宝塔身下还有口“骨灰井”,掩埋着 32 麻袋唐代至民国时期的僧人骨灰。井旁土中还发现一块上面刻有“法春主持·普同塔”字样的 3 米高石塔,正说明绍隆寺曾经是僧人往生火化后归天的福地。目前,觐云法师新建了塔身雕刻着蝠(福)寿图案普同塔,新挖了骨灰井重新掩埋僧骨,普同塔前还修了一条石阶小路以供游人参观瞻仰。

绍隆寺内还有一个镇寺之宝,这就是一块奇特的“活地”。这块“活地”比八仙桌面略大,每年以约一公分的速度微微隆起,使得铺在上面的地砖自然升高形成馒头状,每过几年必须铲一次土,铲平后又会渐渐突起如初。这种奇异现象至今已持续数百年,令人难得其解。

如今,绍隆寺院古柏参天樟木成行,紫竹婆娑竹林成片,一片怡人风景,为修行用功的好道场。

镇江金山·江天禅寺

江天禅寺位于镇江市西北长江南岸的金山上，故也称为金山寺。金山江天禅寺建于东晋，原名泽心寺，亦称龙游寺。

南北朝时期，梁天监四年（505 年）梁武帝召集十名高僧阅览佛教经典编成《水陆仪轨》一书，并亲自在并在金山泽心寺主持创建了汉传佛教“水陆忏法”大法会超度六道众生，于是古金山寺成为了中国佛教诵经设斋、礼佛拜忏和追荐亡灵的水陆法会的发源地，金山寺因此远近皆知。唐朝，宰相裴休之子法海禅师在庐山东林寺参学后来此苦修，在山下掘土见金，遂重修寺庙，改名金山寺。

金山寺一直规模宏大，香火绵延至今。宋真宗咸平初年（998 年），皇帝派遣内侍蓝继宗敕赐《大藏经》。大中祥符五年（1012 年）改称“龙游寺”。宋徽宗时一度改为道观，至南宋淳熙年间重修过一次改为佛寺。清代康熙、乾隆先后至此参访。康熙二十五年（1687 年）秋，清康熙帝于登临金山，观其上接苍冥、下连洪流，江天一色，便提笔赐名“江天禅寺”并沿袭至今。

古时，金山是屹立长江中流“万川东注，一岛中立”的一个岛屿，它与瓜洲、西津渡成犄角之势，为南北来往要道，久以“卒然天立镇中流，雄跨东南二百州”闻名华夏。因为佛缘，人们将它比作《华严经》里的七金山，所以称之为金山。金山高 44 米，绕山一周约 520 米。清朝光绪元年（1875 年），整个瓜洲陷入长江，泥沙将金山孤岛与广袤陆地联成一片。

江天禅寺寺门朝西，依山而建，殿宇栉比，亭台相连，遍山布满金碧辉煌的建筑，，殿宇厅堂亭台楼阁全部依山而建，加之慈寿塔突兀拔住金山之巅，故以“金山寺裹山，见寺，见塔，不见山”令人无法窥视山的原貌，因此“金山寺裹山”之说蜚声海内外。

进入山门是天王殿。大殿后侧登山进入夕照阁，阁内保存着七块乾隆御碑。由夕照阁上行至观音阁，内有四宝室，分别陈列着金山的镇山四宝：周鼎、诸葛铜鼓、东坡玉带和明文徵明绘金山图。“周鼎”是2700多年前周宣王奖给北伐统帅遂启棋的青铜器，全称“周朝遂启棋大鼎”，有铭文12行134字，1884年湖北汉阳人叶志先赠予金山寺收藏。“东汉铜鼓”为清代镇江知府魁元赠给金山寺，相传为诸葛亮所创制，正面可作战鼓，反面能做炊具，民间称之为“诸葛鼓”。“东坡玉带”相传为宋朝苏东坡与佛印和尚打赌输给金山寺的，带上缀有长方形、圆形、心形等形状不同的白色玉片。玉带虽经900余年仍然光洁如鉴。《金山图》是由“明四家”之一文徵明所绘，画中金山浮玉般飘浮于烟波浩渺江水中，青山如黛画栋雕梁，岁月茫远一览无遗。画面有文徵明《金山寺追赋》诗一首：“白发金山续旧游，依然台殿压中流；沙痕灭没潮侵磴，帆影参差日堕楼。江汉无声千古逝，乾坤骚首一身浮；从来李白多愁绪，更上留云望帝州。”

观音阁南接妙高台、楞伽台，北连慈寿塔、法海洞，一片碧映丹辉。楞伽台北上登阶可至金山顶峰留云亭，内有康熙帝御笔“江天一览”石碑，故此亭亦称“江天一览亭”。留云亭西北更有纪念南宋民族英雄岳飞的七峰亭。由观音阁往北可登木结构七级“慈寿塔”，系清光绪二十六年(1900年)按照齐梁时期金山原塔重建，如今成为镇江的标志性建筑。宋代王安石登塔后曾作诗抒怀：“数重楼枕层层石，四壁窗开面面风。忽见鸟飞平地上，始惊身在半空中。”

从慈寿塔往北至著名的法海洞。这里是金山寺开山祖师裴头陀法海禅师的苦修之处。洞中供有法海塑像，洞北玉带桥旁有一白龙洞，洞中塑有神话传说中的白娘娘和小青石像。金山寺西侧500米处有被唐代茶圣陆羽评为“天下第一”的中泠泉。

金山江天禅寺高僧云集。历史上先后有昙颖、怀贤、佛印、义天、善宁、了心等高僧驻锡于此。唐代灵坦禅师为第一代开山祖师，历代相传至慈舟法师为第八十一代方丈。清朝末年参加革命的宗仰上人曾经是金山寺首座和尚。

金山寺不仅建筑宏伟，独具一格，而且文化底蕴极为深厚，拥有众多广为人知的历史典故与动人传说，比如《白蛇传》、妙高台苏东坡赏月起舞、梁红玉擂鼓战金山、苏东坡与佛印的故事等，脍炙人口广为流传。

镇江焦山·定慧寺

镇江定慧寺坐落在镇江市焦山之上。

定慧寺始建于东汉献帝兴平元年(194),初名普济庵,是中国最早的佛教寺院之一。宋代元佑年间(1086—1093年),了元禅师(佛印)住持该寺,易名为善济禅院。元代改称焦山寺。清康熙四十二年(1704年),玄烨南巡时取"由戒生定,因定发慧"之意,赐名"定慧寺"并亲笔题额。明宣德、清康熙及道光年间多次毁建。

焦山又名"樵山""狮子山""双峰山""乳玉山",位于镇江东面长江中,素有"中流砥柱"之称,因东汉末年隐士焦光避居此地故名"焦山"。镇江名胜向以金焦二山著称,二山各有特色如古人曰:"金以巧胜,焦以拙胜;金为贵公子,焦似淡道人;金宜游,焦且隐;金宜月,焦宜雨。"焦山如碧玉浮江故又被称"浮玉山"。焦山峭壁嵯峨,林木葱茏,山不高不大却素以山藏古寺石碑林立而出名,与"金山寺裹山"相映,向有"焦山山裹寺"之说,小小一个岛,曾有十三处寺字星罗棋布。定慧寺为焦山最大寺院,也是镇江最大最好的古刹,虽经几度兴废,唐式建筑宏伟秀丽,殿堂俱全,有房屋二百余间。

定慧寺以研究佛学著称于世。唐代玄奘法师的弟子宝寂和鉴真大师的弟子神邕在此创建了大雄宝殿和佛堂。宋代佛印、枯木、无门等高僧先后扩建寺庙谈禅说法研讨佛事,明清以来经历代住持不断修葺形成"一寺十三房"大丛林和"禅净双修"宗风。在二十世纪八十年代到九十年代,著名高僧茗山法师驻锡与此。现今世界各地的高僧大德有不少曾求学于此。按照茗山法师的遗愿，2002 年沿寺庙中轴线兴建了新山门，几经兴废的定慧寺现在基本保持着明代建筑风格。

定慧寺代有名僧。玄奘弟子法宝上山创建大雄宝殿传法相宗，鉴真弟子神邕上山住持传天台教义，后唐枯木禅师重修大殿并建枯木堂，抗日战争期间方丈静严法师积极抗曰，面对日寇酷刑坚贞不屈。

焦山佛寺伴以摩崖石刻，素有“江南书法之岛”美誉。其中，最著名的是定慧寺收藏晋王羲之手书刻石《瘗鹤铭》，世人赞为“大字之祖”。相传一年春天王羲之路过焦山一座小寺，耳旁响起鹤鸣，一双仙鹤亮开双翅冲入云霄，一前一后上下翻飞，盘旋起舞美丽迷人。王羲之即随仙鹤舞姿，手指临空书写，口中喃喃自语。放养仙鹤的定慧寺住持见状欲赠仙鹤，王羲之欣然买下并托予住持照管。日后，王羲之逆江而上，回想焦山仙鹤舞姿体悟书法之道，挥笔书写宛若仙手出神入化。当王羲之再回焦山，得知雄鹤在他走后病死，雌鹤也随之殉死。王羲之来到仙鹤坟写下了《瘗鹤铭》倾吐思念。后来，人们从江里捞出的五块《瘗鹤铭》残石连成整块，嵌在焦山宝墨轩正中墙上，一些潇洒纵横、雄浑奇妙的大字吸引无数游人。

常州大运河畔·天宁禅寺

天宁寺位于常州市东门外延陵东路，前俯举世闻名的京杭大运河，后倚常州第一大公园红梅公园，是常州现存规模最大，保存最完整的千年古刹。

天宁寺始建于唐太宗贞观、永徽年间(627～655 年)。开山祖师为金陵牛头山法融禅师，其初筑室十余楹，开创了天宁寺基业。天宁寺历代屡屡更名修缮。唐昭宗天复年间(901～904 年)，维亢和尚正式建寺，取名“广福寺”。唐末更名为“齐云寺”。南唐(943～957 年)建浮屠七级，龛留着国祥寺僧伽衲衣并号“普照王塔”。北宋崇宁四年(1105 年)御赐塔名“慈云”。北宋熙宁三年(1070 年)，齐云寺改名为“万寿崇宁寺”。北宋政和元年(1111 年)，改崇宁寺为“天宁寺”。南宋绍兴七年(1137 年)，又改名为“报恩广孝寺”，不久再易名为“光孝寺”。南宋绍兴十二年(1142 年)，改光孝寺为“崇奉徽庙”道场。南宋德祐元年(1275 年)，毁于战火。元初重建至元年间(1335—1340 年)，复称“天宁寺”并一直沿用至今。明初瀹潭禅师化缘修葺，明宣德六年(1431 年)净因禅师又募建天王殿、大雄宝殿、尘外楼。正德二年至四年(1507—1509 年)，住持维纯法师募修三殿、钟楼。崇祯六年(1631 年)，郡守程九万暨邑绅及僧众共置寺田 520 亩。清顺治六年(1649 年)，住持戒润法师创建九莲阁。康熙二十五年(1686 年)，郡绅许子渐等重修正殿并建巽宫楼，列为当时常州东郊最高建筑。后经乾隆年间住持实彻法师、光绪年间冶开清镕禅师主持重建，扩大院地130余亩，寺田8000余亩，偏寮杂舍479间，僧众800余人，时人赞其“基广百亩，殿高十仞，宏伟高大，较京师城外天宁寺雄壮过之，为一郡梵刹之冠”。

天宁寺历来法规严格，僧人重视佛学研习，仪式隆重，念佛、讲经、传戒等法会旺盛。法融、冶开、圆瑛等佛教界高僧大德均曾在天宁禅寺住持或修学。寺内设有学戒堂，曾设“毗陵刻经处”制刻经版、印刷经书，流通各地。清乾隆帝六次南巡，三次到天宁寺拈香礼佛，并题写“龙城象教”匾额和大雄宝殿抱柱楹联。自唐代起，日本、朝鲜等国均有僧人入寺参学求法。因此，天宁寺与镇江金山寺、扬州高旻寺、宁波天童寺并称“东南四大丛林”。此外，天宁寺更以“殿大、佛大、钟大、鼓大、宝鼎大”为特色，被誉为“东南第一丛林”。

天宁寺内收藏有珍贵文物。其中，有清嘉庆二十五年(1820年)阳湖知县张作楠制作的立卧两具日晷，有始刻于嘉庆三年(1798年)、补刻于光绪庚寅年(1890年)的518座石刻罗汉，有明代著名书画家邹之麟所书的《金刚经》全文石经幢、唐代铜制释迦牟尼佛坐像一尊、宋代香樟木制十面观音像、宋代天然水晶佛像和唐代石佛各一尊，均属稀世珍宝。

近年，天宁寺新建成世界最高最大的钢结构佛塔天宁宝塔。天宁宝塔共有13层，宝塔采用唐宋古塔八角飞檐风格，形态端庄气势宏伟，享有“千年古禅寺，神州第一塔”美誉。

常州同济桥·清凉禅寺

常州清凉禅寺位于常州市区同济桥南清凉路。

清凉禅寺始建于北宋英宗治平元年(1064年),原址在城东南3里处,由常州籍枢密副使胡宿请额所建,初名“报恩感慈禅院”,延洞云深禅师为开山祖师。南宋理宗淳祐八年(1248年),常州郡守李迪为祀胡宿便在寺内设立“胡文恭公祠”。明成祖永乐元年(1430年),有“报恩寺”始移建于现址。明代宗景泰五年(1454年),礼部尚书胡滢因念祖先胡宿曾任端明殿学士且有祠于寺,遂奏请朝廷改报恩寺为“端明寺”。光绪三十年(1904年),复名为“清凉寺”。

清凉禅寺草创时期规模不大,但因僧人“道行超卓”而闻名乡里。明永乐时重建后寺院规模渐臻宏伟,明正统六年(1441年)经无一聚禅师主持兴建大雄宝殿,清康熙年间重建大悲阁和藏经阁,道光四年(1824年),邑人石庆山集资重修山门佛殿,后由住持静波禅师自光绪二十年(1894年)动工至民国初年竣工,历时十余年在废墟上相继复建大雄宝殿、天王殿、藏经楼、法堂、禅堂、法融堂、海镜堂、大悲阁、荷花厅等殿堂楼阁三百余间,建成后规模仅次于天宁寺。

清凉禅寺建筑采用四合庭院封闭式格局,建筑尤以禅堂和藏经楼最为著称。禅堂位于藏经楼南侧为“回”字形转楼,建筑结构与规模为其他寺院所罕见。藏经楼高约25米,为七开间三层,供僧人读藏、讲经、研法、受戒、仪礼,并珍藏明代宗所赐《大藏经》一部及慈禧太后所赐《龙藏》一部。北宋大文豪苏轼曾经常住清凉寺与寺僧谈经论法，在寺壁题诗甚多。1942年，清凉禅寺特设关房18所，可供18位大德僧伽同时发心坐关，钻研佛法。

清凉禅寺曾创办清凉佛学院培养佛教僧才，开办清凉小学对地方教育作过贡献。

2011年，清凉禅寺修复工程中在藏经阁发现了地宫，共出土12只楠木箱，5只樟木箱，还有4只铁箱，内藏大量文物级金银玉器、书画古籍、奇珍古董陶瓷共582件，尤其发现苏东坡手书的诗稿16卷、王安石手札2封、司马光手札1封、苏辙家书7封、蔡京及童贯写给苏东坡的真迹信件，其中达到国宝级标准的达326件。

南通濠河·天宁寺

天宁寺位于南通市城北中学堂街西首，毗邻北濠河，是南通仅存的三座隋唐古寺之一。

天宁禅寺始建于唐朝，明代《万历志》、清代《康熙志》皆有记载："唐咸通中僧藻焕堂建。旧名光孝，天顺元年僧法恩奏改今名。"《乾隆志》补充道："寺有光孝塔五级，后有毗卢阁。宋咸淳中（约990—1003）管某建，僧法恩募捐。"唐代咸淳年间，有宋度宗兵部尚书郡人印应雷舍其宅入寺。天宁寺原系奉圣寺，南宋政和年间（1111—1118年）迁天宁禅寺并入报恩光孝寺，以后便以天宁禅寺通称。

天宁寺有过两次兴盛记录：一为北宋政和年间，并寺营建后"殿堂宏丽，楼阁穹崇，实一州之伟观"。宋徽宗赵佶御笔题写"大雄之殿"，更是推波助澜。明代宣德、正统、天顾、万历、天启年间均有兴修之举，天宁寺迎来第二个中兴期。天宁寺重振之功首推通州守御陈谦，他捐资请杭州净缘禅师前来住持，前后四年整修了光孝塔、大殿和山门，主持兴建了园通殿、轮藏殿和醇零楼，其徒善意法师又两次兴工修旧补缺铸造铜像，同期敕赐寺名，为演习佛教礼仪之所。《万历·通州志》提及寺中原有火神庙、祠山庙、毗卢阁等建筑。惠儒等僧人还重建了禅堂、地藏和弥勒殿等，当时通州名士沈明臣，卢纯学，吴熠、汤有光都题有"偶翼毗卢阁，遥堪俯大璃"等佳句，咏颂天宁寺一时盛况。

至今，天宁寺存有两代皇帝御书。除宋徽宗题"大雄之殿"外，据《敕赐天宁寺碑》记载，明代天顺七年（1463 年），天宁寺善慧法师曾奏请皇帝赐额，明英宗朱祁镇准奏并御书圣旨“敕赐天宁”，捷得“金书棍耀，铁画流芳，龙文凤章，昭回宇宙，兰若为之改观”，随即除去原来“报恩光孝”之寺名。后来又在天宁寺东部建起万寿宫供皇帝牌伫，来往于天宁寺前，文官下轿武官下马，必行朝拜，为其他寺庙“难以俪其荣耀”。天宁寺尚存南通籍现代著名书画家范曾题写的“山河天眼里、世界法身中”楹联，亦为寺院珍藏。

天宁寺大雄殿是天宁寺的主体建筑，它是宋元遗留下来的歇山式木结构古建筑。殿高近四十米，面阔三间进深四间，明向六根内柱均采用“包镶法”制成的十二瓣棱柱，下面的复盆式石杠础上雕有缠枝牡丹花纹。天宁寺共有天王殿、大雄之殿和藏经楼这三重大殿，藏经楼西北角有一座玲珑秀丽的宝塔——光孝塔。光孝塔位于天宁寺西北隅，建于公元 864 年，塔身颀长玲珑，为濠河西北一景，甚至留有“未有城，先有塔，前人就塔建城”美誉传说。

南通狼山·广教寺

广教寺位于南通市南郊的狼山。

在中国佛教史上，狼山是大势至菩萨道场，为中国佛教“八小名山”之一。狼山上的广教寺建于唐高宗总章二年(669 年)。据《通州志》记载：“唐总章二年，由上即建大雄宝殿、殿阁、方丈室……，山在巨浸中，设舟以济，号慈航院，后改广教寺。”狼山奉祀开山师祖为僧伽，又称狼山大圣。僧伽为唐朝高僧，唐高宗时曾在长安、洛阳游历并为人治病，名声大噪。南游江淮时曾医病治水，深为百姓称道。因此唐中宗尊其为国师，后世称他为“大圣菩萨”。李白曾作《僧伽歌》赞颂。韩愈亦有诗赞：“僧伽晚出泗淮上，势到从佛尤魁奇。”苏轼也曾诗道：“传慕世间千万亿，皆白大士法身出。麻田共养东坡赞，见者无数患成佛。”

传说当时狼山为白狼精占据，大圣菩萨僧伽与白狼精斗法，以一袈裟遮遍全山降伏而恶狼，白狼只得让出此山，从此香火兴起成为佛教乐土。而广教寺建筑亦呈“金龙伏狼”布局：龙头下尾上，山下山门为龙口，大佛殿为龙头，两侧轮藏殿、大悲殿为龙角，山顶建筑为龙后身，支云塔是龙尾，山腰葵竹山房、三仙祠等是伸展的龙爪，贯通上下的山边是龙身，香客游人则是龙鳞。

宋代初期(976—983 年)，智幻法师住持广教寺，弘法创业修建寺宇，建造了大圣殿、支云塔并塑僧伽像供奉，此后江淮许多寺院随之供奉僧伽像。智幻法师圆寂时留下一偈曰：“当初不肯住长安，现像西归泗水间。今日又还思展化，东来海上镇狼山。”后人称智幻法师为僧伽化身，并于明代嘉靖年间在寺内修建一座七层砖砌实心“幻公塔”，至今保存。

广教寺建筑分为上下两部分，遍布山前阳坡和山巅。山下部分称为“紫琅禅院”，山顶部分称为“支云塔院”。山下佛殿、经楼、僧房等数处建筑依山梯升形成上下三层、纵横六区而蔚为大观。山顶为广教寺主建筑群，沿轴线布局，山门前有大观台，在此可俯瞰长江远眺虞山而洋洋大观。为此，宋代王安石有诗《狼山观海》：“万里昆仑谁凿破？无边波浪拍天来。晓寒云雾连穷屿，春暖鱼龙化蛰雷。阆苑仙人何处觅？灵槎使者几时回？遨游半是江湖里，始觉今朝眼界开。”过二山门即为萃景楼，其楼高耸云霄，面临大江，风帆水鸟，烟雨云山，万景奔赴，如在几席，东望沧海，南瞰长江，吴楚胜景，尽收眼底。萃景楼向内一面还有一个凸出戏楼，实为寺院建筑中之少见。

广教寺最引人注目的是屹立狼山之巅的支云塔。支云塔建于北宋初年(976—984年)，塔高35米，四面正方形，五级四层砖木结构，每层各有三个小间绕以木栏，腰沿成翅形由下向上次第收缩，刹顶有相轮七重及宝珠金铎等圣物。游人登塔远眺，山色风光尽收眼底，仰视天空，更有高人云端之感。明人殷学诗中叹道：“宝塔支青云，去天无尺五。天上星与辰，历历皆可数。”

广教寺收藏文物众多，仅字画就曾有三千多件，现存有《明藏》《龙藏》各一部、弘一法师手抄《僧伽六度经》一部、清末状元实业家张謇手抄《心经》等珍贵文物。

狼山风光秀丽，广教寺古刹庄严。十年来僧人将古刹管理得井井有条。每年农历七月十三日大势至菩萨生日和农历三月初三僧伽生日时，都有上万信众前来烧香朝拜，热闹非凡。港澳台佛教界与广教寺的交往也不断加深，日本、美国、新加坡佛教徒也专程来朝拜大势菩萨。广教寺的素菜也享有盛誉。

南通东台西溪·泰山寺

泰山寺位于东台市西溪镇，为东台十三丛林之一。

泰山寺始建于北宋绍圣三年(1046年)，初名为“东岳行祠”，一度荣盛护国禅寺等级。汉唐时，西溪渔盐业逐渐发展，西溪成了集镇，西溪原有渔民依然近海小取。《嘉庆·旧县志》记载：“泰山，在县治西南五里西溪镇通圣桥之南，垒土而成，高四丈二尺。”即宋仁宗嘉祐八年(1063年)，当地百姓集资百姓垒土高四丈二形成避风土山，并在上面建筑“碧霞宫”供奉女神碧霞元君。因宋真宗曾取“德可配天”之意封碧霞元君为“天妃”，土山便被称为“泰山”。南宋嘉定元年(1208年)，泰山寺正式建成。明万历时重修。清乾隆十八年(1753年)，被烧后复建、复被烧。清代乾隆四十二年(1777年)，分司杨廷俊倡议募捐重建，增添了屋宇并扩大了范围，占地至20余亩，寺外放生池5亩，拥有寺产80余顷，庙房近百间，一时成为东邑佛教首刹正规丛林，泰山寺也因多次传戒而闻名全国。

泰山寺“一寺五庙”释道并祀，乃全国佛寺中之鲜见。泰山寺寺院建筑宏伟，居中有天王、东岳、地藏三座正殿，两厢有十殿阎王、关岳、华佗、神农、鲁班诸庙，故有“一寺五庙”之说。泰山寺前临溪河，寺门外竖立石牌坊，山门第一进为四大天王殿，殿后两厢供十殿阎君。第二进为东岳殿(又称东岳行宫，东侧为关王庙)，第三进为地藏殿，殿后彩塑海岛极富丽工巧神采如生。海岛东边有放生池，西边厢房为禅堂、客堂，其后有厨房、库房、方丈室、退居寮等。对此，上海玉佛寺真禅大师曾经撰写玉佛阁楹联“法海圆融”之语，以赞扬该寺多教并存之特色。

这种特色在泰山寺重建过程中更加彰显。佛教圣地有四大名山，却因年龄或经济等原因善男信女不能跋山涉水前去朝拜。因此，居士顾了本女士便于1990年首倡“四大名山堂”并募化建筑，一龛居中四旁供奉普陀、九华、五台、峨眉四大名山诸佛像，让四方僧众足不出寺便可朝拜四大名山诸佛而了却夙愿。对此，现任泰山寺方丈达禅法师题联曰：“名山在泰山，免尔朝山跋涉；见佛要拜佛，劝君信佛修持。”因为这种全国寺庙中绝无仅有的特色，使得泰山寺自恢复开放以来香客游人络绎不绝。

泰山寺拥有众多文物古迹。除有金刚殿、玉佛阁、大雄宝殿、东岳殿、碧霞宫、四大名山堂、梵韵堂、钟鼓楼、观音殿等古代建筑外，还存有清乾帝赐书“悟鱼堂”、慈禧太后御笔“岁岁平安”、宋名相范仲淹《游碧霞宫》墨迹诗集、清代宰相刘墉亲笔条幅等，还有汉代古刀、唐代方天画戟、古石狮、古山门石刻街等。

泰州城中·光孝律寺

光孝律寺坐落在泰州城中五一路西段北侧。

光孝律寺始建于东晋义熙年间(405—418年),当时觉禅法师云游至泰州城中,一位富商舍宅供其建寺即是光孝寺前身。北宋崇宁二年(1103年),徽宗赵佶赐名“崇宁万寿寺”,政和元年(1111年)改赐名“天宁万寿寺”并赐田五千亩。宋高宗绍兴八年(1138年),高宗赵构为纪念其父皇赵佶敕改寺名为“报恩光孝禅寺”。绍兴三十一年(1161年),毁于宋金战火。南宋绍熙年间,陆游的挚友蜀地别峰法师之徒德范应聘任住持。宋光宗庆元二年(1196年),德范建钟楼并筹四千万巨资复建“重屋八檐,东西百三十六尺,南北九十六尺,高百一十尺。佛、菩萨、阿罗汉三十一躯”之大殿,由提举常平使韩梃取《华严经》语书写“最吉祥殿”四字为额,从此光孝寺大殿便以此名称。大殿之侧修有高阁六楹,上有宋宁宗赵扩书赐光孝寺住持觉深法师的“碧云”二字为额。

宋光宗庆元六年(1200年)四月,德范之徒蜀僧祖兴法师为宝谟阁特请陆游撰写大殿碑文,因陆游祖父陆佃曾在泰州任州官多年,陆游身怀泰州感情而自不推却,大笔横陈《泰州报恩光孝禅寺最吉祥殿碑》:“海陵奥区名圜中,长淮大江为提封。於皇徽祖御飞龙,臣民荐福遐迩同。是邦巍然千柱宫,中有广殿奉大雄。瑰材蔽江西徂东,波神呵护如云从。璇题藻井翔虚空,丹碧髹垩无遗工。劫火不能坏鸿钟,雷震鲸吼声隆隆。层阁闳奉龙鸾踪,荣光夜起腾长虹。徽祖圣德齐天崇，泽覃草木函昆虫。咨尔梵众极严恭，熙运共庆千载逢。余福渐被兼华戎，长佑农扈消兵烽。”

清代乾隆九年(1744年)，古寺颓势，炳一和尚自宝华山分灯来此住持，光孝禅寺随之成为律宗祖庭宝华山隆昌寺为传戒道场，并改禅为律为“光孝律寺”，炳一和尚成为了光孝律寺初祖。当时，光孝律寺规模扩增，楼殿、僧房、长廊达二百余间，寺僧达千余人，四时经声不绝，声名盛极一时。

光孝律寺最具特点的是“千化戒坛”，前有一“千化门”，它最早建于清代乾隆四十一年(1776年)最吉祥殿东北处。该戒坛高十级、周长七丈八尺，均纯以白矾石建成。江苏境内除光孝律寺外，只有宝华山隆昌寺、南京古林寺和扬州万寿寺也有此矾石戒坛，而四者之中光孝寺规格最高及质地最为精美。该戒坛壁上所绘观音像是清代泰州雕塑名家吴广裕摹唐吴道子丹青绘成，《海陵竹枝词》中“画匠能摹吴道子，溶江衣带亦当风”的赞美诗句清晰登之台上，尤显风清月朗净意诚心。成为律宗道场之后，光孝律寺每隔一两年传戒一次，传戒期间求戒僧徒四方云集，观礼人群成千上万，千年古刹名震遐迩。

清代乾隆四十一年(1776年)，别号为“香雨”的圆能法师二十七岁接任住持，于正殿后修造高楼并取名为“香雨楼”。后有光绪二十年(1894年)住持德厚法师从北京请来乾隆版计7167卷、1660部经折本《大藏经》，藏于香雨楼作为镇寺之宝，“香雨楼”亦因此更名为“藏经楼”。至今，这部《大藏经》依然保存完好，已故全国佛教协会会长赵朴初先生莅寺观经时曾经赞叹说：“就乾隆版《大藏经》，这一部在全国是首屈一指，是全国之最，完好程度绝无仅有。”

光孝律寺的对联匾额也非常引入驻足。最吉祥殿的八楹大殿于1996年竣工，时年89岁的赵朴初会长手书殿额并撰联颂之“慈光照三界庄严化导芸芸实相是禅行是道，大孝报四恩深厚护持恳恳虚空无尽于无穷”，既述佛语也藏“光孝”寺名。

光孝律寺高僧亦为佛教做出特殊贡献。在最吉祥殿与藏经楼之间建有“常惺法师纪念堂”。常惺法师为如皋人，是民国时期光孝寺名僧，曾于1922年在佛教界引发《大乘起信论》真伪辩论，时年仅28岁的常惺撰写了《大乘起信论料简驳议》一文，深为弘一法师等大德赏识。1935年，常惺任中国佛教会秘书长，一度在上海主持中国佛教会总办事处会务，积极办理各项社会福利事业，获得极高声誉。“常惺纪念堂”西南还有小休、传汝诸楼，是光孝寺中保留至今的两幢明清建筑，小休楼为方丈退居后休养之处，传汝楼是珍藏《汝贴》之所在。

上下两册凡十二刻的《汝贴》为御赐，乃光孝律寺镇寺之宝。《汝贴》是北宋大观三年(1109 年)八月由河南汝州郡守王采集古碑七十余家真草隶篆手迹刻石拓本编辑而成,后经亲王允禄赐给在京城为皇家传戒的宝华山隆昌寺文海和尚,文海和尚将此帖转赠前来宝华山分灯的炳一和尚,从此光孝寺代代相传。光孝寺还珍藏有许多代代相传的珍贵文物,其中包括印度《贝叶经》、元四家之一黄公望“富春大岭图”一卷、元画家王振鹏《历代贤后妃故事图》册页十二幅、明董其昌“丰乐亭记”手卷和真金手书《心经》及由其书碑拓成的《金刚经》各一卷、明祝枝山草书长卷一幅、清初八大山人朱耷花鸟册页十幅、石涛书写大幅中堂、恽南田墨竹册页及寺志法卷,以及木刻线装的《山海经》《水经》、琴谱、画谱等古籍,还有黄牙木如意、香木如意、伽南香珠串等名贵法物。

二十世纪初,光孝律寺礼请玉成长老出山。1926 年,玉成老和尚促成光孝寺创办觉海学院,每期招收青年僧人三四十人,学制三年。1931 年,常惺法师任光孝寺住持,次年创办光孝佛学研究社,一切沿袭前制。二十年办学,光孝律寺造就了南亭、成一、妙然、真禅、自立、雪烦、圆湛、隆根、了中等一批著名僧才。

盐城环城·永宁寺

永宁寺位于盐城市城区环城村。

永宁寺旧址位于盐城县城光明巷北首，原名为护国永宁禅寺，始建于唐武德三年（620 年），是唐代三十六大寺之一。据《续修盐城县志》记载："该寺殿宇高耸金碧，涌现于百里之外，昔人泛海者，以此为指南车。"

据《旧唐书·地理志》载："隋末盗韦彻据其地，置射州及射阳、安乐、新安三县，唐武德四年（621 年）来归，武德七年（624 年），废射州，仍置盐城县。"农民起义军领袖韦彻在古盐城南门修筑了临时宫殿并统治盐城达七年之久。唐武德四年，高祖李渊派堂弟淮安王李神通征讨韦彻，却大败而逃差点被韦彻活捉。后来，韦彻见李渊统一天下大势已定便主动请降，李渊仍封他为王。三年后韦彻病逝，李渊下令撤射州及所属三县并恢复盐城县，在韦彻的临时宫殿原址上兴建了一座大寺庙，称为"护国永宁禅寺"，以此供奉神灵，永保安宁。永宁寺经历代修葺一直保存完好，至清末时仍为五进大殿两厢配殿及众多僧房，山门之内留有唐初程咬金亲手种植的古柏一株，树干粗壮需数人连手抱合。

南宋建炎三年（1129 年），宋高宗南渡，御营平寇左将军抗金名将韩世忠、梁红玉夫妇兵败后撤，在盐城驻军三月并设中军帐于永宁寺内，岳飞曾四次入寺与韩、梁夫妇商讨抗金大计，韩世忠、梁红玉夫妇晚年也隐居于此。

抗战初期，国民党军队主动放弃盐城，日军进攻盐城纵火烧城，永宁寺遭到严重破坏。皖南事变后，新四军在盐城重建军部，代军长陈毅、政委刘少奇多次到永宁寺看望当时住持雪松法师。成立盐城县抗日民主政府时，雪松法师担任了盐城县参议会参议员，在陈毅、刘少奇等领导人教育帮助下，雪松法师拥护共产党抗日民族统一战线主张，积极参加抗日宣传活动，组织了盐城县佛教界抗日救护队并自任教官，同时以己中医之长救护许多新四军伤病员，雪松法师还冒着生命危险掩护过胡扬、苏海、还寄萍、李寄农等共产党干部。因此，雪松法师被刘少奇、陈毅誉为“革命和尚”。永宁寺在抗战中被毁于日军炮火。

目前，永宁寺占地48亩。建有山门、天王殿、大雄宝殿、钟鼓楼、藏经楼、宝塔及厢房、僧舍等，山门上为全国佛教协会会长赵朴初题写的寺名匾额。天王殿内，有用香樟木刻成的风调雨顺四大天王，大雄宝殿内有长5.2米，重8吨的卧玉佛和几尊坐玉佛，还有千手千眼观音等众佛雕像。上方有一题匾“淮寺第一，盖不虚云”。永宁寺大雄宝殿建筑宏伟壮观，为苏北少见的大型斗拱结构。殿身为七间无梁无檩的歇山双重檐，其中汇集拱、飞吊、抖、平座、爵头、额、柱、铺作等于一体，设计之精巧，堪称佛寺建筑之一绝。

南京方山·定林寺

定林寺在南京南郊方山。

定林寺始建于南北朝宋景平二年(423年)。传说先有江宁方山,后有南京。方山又名天印山,顶平似削方正似印,是风水吉祥命运山,帝王之气灼灼逼人。方山定林寺院不在方山。南朝时期曾有“上定林寺”“下定林寺”两处。当时,慧觉法师于南京钟山创建“下定林寺”,刘宋元嘉十六年(439年),外国高僧竺法秀(昙摩蜜多)在南京钟山紫霞湖一带建“上定林寺”。根据史籍记载:佛陀涅槃后留两颗佛牙舍利留存世间,一颗传入锡兰(今斯里兰卡),另一颗传入当时的乌苌国,后传到中国新疆于阗。南朝高僧法献游历于阗把这颗佛牙带到南齐首都建康(今南京)上定林寺,并建佛牙阁供四方佛徒朝拜。

又据清同治《上江两县志》记载,南宋孝宗乾道九年(1164—1173),善鉴和尚见钟山定林寺颓废,便募资将“上定林寺”匾额移至方山重建“定林禅寺”,与南京钟山上定林寺在子午线上南北正对兴建了“定林寺塔”。

定林寺塔为南京历史最久的楼阁式硬塔,而且还是座斜塔。此塔高十三米,底层特高,南面开门,另三面各有佛龛,专供佛像,不能上人。在世界著名斜塔中,意大利比萨斜塔倾斜度为4度,苏州的虎丘塔倾斜度为3.5度。6年前,定林寺塔倾斜角度已达到7度59分,已经逼近8度倒塌死亡线。经过纠正,方山定林寺斜塔斜回至

5.3度，依然堪称世界第一斜塔。

据《金陵梵刹志》记载，与禅宗初祖菩提达摩、宝志共尊为“梁朝三大士”的全国佛寺“轮藏”之祖傅翕大士，曾经在方山定林寺建轮藏并广为弘法。南朝梁武帝萧衍时期，来自天竺的达摩祖师住留建康期间曾到方山定林寺举行佛事活动，方山至今尚保留有“达摩崖”等历史古迹，为禅宗之祖达摩偃坐之地，因此禅宗界有“南定林、北少林”之说。

方山原为风水福地，加之定林禅寺佛光普照，引来历代文人官客。1076年，56岁的王安石第二次出任宰相不久，与保守派发生争端被贬罢相，回到南京任江宁府尹。王安石便选择定林寺读书并在那里建了一个书斋。在书斋里，王安石结交了包括米芾、李公麟、欧阳修和苏东坡等许多高逸之友。米芾还为王安石题写了书斋名“昭文斋”，李公麟为王安石画了一幅形象逼真的肖像。有一次苏东坡乘船经过南京，王安石特地骑着驴子、穿着粗布服到江边去迎接。苏东坡也不冠而敬揖：“轼今日以野服见大丞相。”王安石笑着说：“礼岂为我辈设哉!”既而两人游钟山及定林寺说佛吟诗。另外，文艺评论家刘勰曾经选择幽静的上定林寺居住，写下了不朽巨著《文心雕龙》。

南京紫金山·灵谷寺

灵谷寺位于南京市东部风景秀丽的紫金山东南麓，与明孝陵、中山陵毗邻相望。

灵谷寺始建于南朝梁天监十三年(514 年)，取名“开善精舍”，是梁武帝为安葬名僧宝志而建立的寺院。传说南朝宋文帝十三年丙子，金陵有神僧“宝志禅师”俗姓朱名宝志示迹于栖霞东阳镇古木鹰巢中。居民朱氏之妻听小儿哭声便归家报信，朱氏缘树抱下“举为子”。宝志幼时其面方正莹澈如镜、手为鸟爪状。七岁时依钟山道林寺大和尚僧俭法师出家，修习禅观，坐必逾旬。宋齐之交时期稍显灵迹，其行止无定，“时或赋诗，言如谶记”。宝志能预言征兆悬识他心，一时之中分身数处，可谓“神通”莫测，时人呼为“志公”。对此齐武帝认其故意惑众而将他投入监狱，却早晚都见他游行市里，回狱中查验其仍在狱中。梁武帝未登基时已信佛教，登基之后敬宝志神异，便尊之为师。

灵谷寺旧址在钟山之下独龙阜玩珠峰前。梁武帝曾与宝志登钟山定林寺，宝志指独龙阜道:“地为阴宅，则永其后。”武帝问:“谁当之?”志公说:“先行者当之。”天监十三年十二月宝志坐化于华林园佛堂，终年九十七岁。武帝感其遗言，用二十万铜钱买下定林寺前宝志所指之地葬之并建“开善精舍”。

当时，金陵佛教十分兴盛，仅钟山一带就有佛教寺庙七十余座，其中以“开善精舍”规模最为宏大，被称为“钟山第一禅林”。当年从山门到大殿长达五里，寺内有放生池、金刚殿、天王殿、无量殿、五方殿、毗卢殿、观音阁等殿堂俱陈，寺后更有宝志公塔，十分巍峨壮丽。唐朝僖宗乾符年间(874—879 年)，改名为“宝公院”。宋朝太祖开宝年间(968—975 年)，更名为“开善道场”。宋太平兴国四年(979 年)，宋太宗御题寺额“太平兴国禅寺”，其后改为“十方禅院”“蒋山寺”。南宋宁宗皇帝时被列为天下禅宗五山十刹之第三刹。明太祖朱元璋为建陵寝，相中独龙阜玩珠峰这块风水宝地，遂将蒋山寺及周围寺庙搬迁至钟山东麓西距朱湖洞(即今紫霞洞)五里地，扩大了蒋山寺规制并使之“可容千僧”，其地中宽外敞回峦复阜，左右相向俨然祇树之境，于洪武十四年(1381 年)动工、次年六月完工建成寺院，朱元璋题名为“灵谷禅寺”，山门御书“第一禅林”。清人吴云一语道出“灵谷寺”含义：“其名灵谷者，非佛灵之灵，非邀灵之灵，非空灵之灵，乃念生灵之灵，欲诸佛慈祐于民，如呼谷谷应。”民国时期，灵谷禅寺被移迁至清同治六年(1867 年)所建之龙神殿地址并易其匾曰“灵谷寺”至今。今天的灵谷寺是清同治六年曾国藩所修“龙王庙”。

灵谷寺中有梁时所建“志公塔”一座，原立于开善精舍门前，塔下藏志公全身舍利，其顶嵌有琉璃宝珠，亦称“玩珠塔”，后迁至灵谷寺法堂后。宋人曾极曰：“六帝园林度劫灰，独藏灵骨葬崔嵬，行人指点云间路，换得齐梁一梦回。”梁武帝曾命大画家张僧繇为宝志禅师画像，后来唐代大画家吴道子重摹。大诗人李白为此题诗赞云：“水中之月，了不可取。灵空其心，寥廓无主。锦幪鸟爪，独行绝侣。刀齐尺梁，扇迷陈语。丹青圣容，何往何所。”其诗后由大书法家颜真卿书写并刻陈于立塔正面，故此碑世称“三绝碑”。

明代灵谷寺极其雄伟壮阔，宏旷非凡。山门至殿宇一路“排森松摩云汉”绵延五里，松风不绝于耳。清人王友亮描述道：“窈窕入灵谷，苍茫度深松，斜阳倒影不到地，著眼一片秋烟浓。”

灵谷寺的另一座主要建筑是“无量殿”。无量殿以供奉无量寿佛得名，殿高二十二米，宽达五十三米，纵深达三十三米，分作五楹纯瓦空构，不施寸木横梁，全部用巨砖砌成，所以又称作“无梁殿”。其殿顶上盖琉璃瓦，重檐九脊，正脊上建有三座喇嘛塔。其时间之长、规模之大，为国内砖结构无量殿之首。明正统年间敕赐藏经在此。1928 年，国民政府将无量殿改为国民革命将士纪念堂，毁殿内佛像为祭堂，佛龛等改为大砖台，陈设祭器，四壁嵌碑一百一十块，石壁上刊刻 33124 位北伐阵亡将士姓名军阶。

灵谷寺原有观音殿，现改为玄奘法师纪念堂，中供玄奘大师译经坐像，像前奉十三层玄奘大师顶骨纪念塔一座，塔内藏玄奘珍贵顶骨。宋朝天禧寺法政和尚曾在陕西终南山紫阁寺得玄奘法师顶骨，迁葬于南京中华门外报恩寺，专门修建一座砖塔埋藏顶骨，名为“三藏塔”。1942 年大报恩寺玄奘顶骨被发掘并分八份，南京九华山塔葬一份，天津、成都、北京、广州等地各分有一份，侵华日军盗走两份。1954 年以映彻法师为首的南京佛教界将玄奘顶骨请供于毗卢寺。1963 年举办玄奘法师诞辰一千三百年纪念活动，设会场于栖霞寺，遂移供顶骨于栖霞寺。1973 年，为接待日本友人大谷莹润长老，经周恩来总理特批开放了灵谷寺，并将玄奘顶骨舍利移入寺内供奉。

灵谷寺还收藏有全国仅此一套的洪武年间十八罗汉像。这套完整的十八罗汉像木雕是国家一级文物，全部是檀香木整木雕，体积较大，所用木料都为千年以上檀香树。

南京燕子矶·永济寺

永济寺位于南京市燕子矶头台洞，面临大江。

永济寺始建于明朝洪武初年，初名“宏济寺”。弘济寺原为观音阁，明宣德十年（1435 年）殿宇倾覆。明正统元年（1436 年）就地建寺，规模超过原先，并被赐名“弘济”。清代为了避讳高宗弘历之“弘”而更名为“永济寺”。

清代同治年间，殿宇又一次倒塌，江水也远远退去，永济寺临江悬架，素有“江楼一览”之盛誉。置身于南京燕子矶和头台洞之间的永济寺观音阁，大可一览万里长江西来东去壮观景象，上游长江大桥彩虹飞架，下游江天一色沧水茫茫，对面沙洲翠绿百舸争流。若逢潮汛江流汹涌，惊涛拍岸惊心动魄。月夜登寺江中空濛若雾，大桥万盏华灯齐放，令人心旷神怡。据《万历上元县志》记载：“观音阁怪石榴垂，苍黛参差，上接云霄，而大江自龙江关西南来，直过其下，俯案墙睇之或骇。”“观音阁依岩，就江滘而筑基，上交竖九柱皆丹，柱上棚浅构阁，阁三面皆栏杆凭之，瞰江若在楼船顶立也。”

永济寺缘崖结构形势壮伟，大江在永济寺脚下奔腾而过气势磅礴，引来许多文人墨客赋诗以志。如明代诗人宗臣就有《登观音山》诗：“一上孤峰破大荒，吴山楚水更苍茫，云间栋迁垂天渚，江上鼋鼍吹石梁。绝壁画开风雨色，断虹秋挂薜萝长，吾将从此寻瑶草，黄鹄天风好共翔。”

永济寺矶峰独占，更有古迹数数。如今留有汉武帝时期安王祠、大观亭、俯江亭、明代刘伯温系船崖、马娘娘梳妆台等遗迹。院址内还有清代乾隆御题石碑三块，其中两块被镶嵌在悬崖峭壁上，分别为乾隆十六年(1751 年)和乾隆二十二年(1757 年)乾隆皇帝游历永济寺时所题。如今 2.6 米见方的碑额上“御书”二字清晰可见，碑文上隐约显现“不会诗人不解禅”等字样，足见乾隆皇帝当年在永济寺对禅意的深度感悟。

如今，永济寺随着长江风光带发展规划的推进，将进一步重建与扩建。整个建设将分为三个层次：第一层次以 10 米标高，包括天王殿及其寺后院落，取势为先抑后扬，旨在突出后面大雄宝殿的气势。七开间重檐歇山顶的大雄宝殿和藏经楼设于第二层次，标高 19 米，此层次比无量殿高出 9 米多，彰显大雄宝殿在全寺的地位、气势。考虑与现有观音阁统一建筑风格，规划建议永济寺采用皇家寺庙、明清官式建筑风格，屋角铺盖老窑琉璃瓦顶。今后在永济寺大雄宝殿、藏经阁、方丈院、僧院、永济塔等处，均具有良好的观江视角，游人可在此登高阅江览胜抒发情怀，又可祈福迎祥等。同时，在江面上坐船游览，也能看到此处山峰下的宏伟的永济寺庙宇群。

南京溧水森林公园·无想寺

无想寺位于溧水城南无想寺森林公园。

无想寺始建于六朝中期。唐高祖武德年间(618—626年)重建,取名为"无想禅寺"。北宋治平年间(1064—1067年)改名为"禅寂寺"。南宋咸淳年间(1265—1274年),道甄法师在此复兴大刹,朝廷赐名"禅寂禅寺"。明清期间又改名为"无想禅寺"。溧水县人、明代高僧、号称"南山律宗"中兴祖师的古心大和尚,就是在这里接受佛教教义而皈依佛门的。

无想禅寺历经唐、宋、明、清几度重修扩建,规模日渐宏大,无想禅寺曾经"一景一度"颇负盛名。该寺周围曾有隋末农民起义军将领杜伏威屯兵地、宋代高僧甄公藏骨石塔与石观音洞,元代招云亭、韩熙载读书台、杜城、明太子饮马处、明代知县王从善题刻"凤泉""丹鼎""污尊铭"的石观音阁、环翠阁、凤泉亭、摩崖石刻等一批遗址。山腰有一碧池谓之"天池",山南麓有无想寺水库一座,水库环山绕行,曲折多变,水质天然澄澈清幽,自古以来吸引了文人雅士,留下了南唐韩熙载《赠寺僧诗》、北宋周邦彦《满庭芳·夏日溧水无想山》等诗词佳作。寺院在清末战火中被烧毁,现正在复建。

无想寺以其独特秀丽风光引人瞩目。无想山在溧水县洪兰镇一带,地处丘陵岗地,平均海拔100米左右,主峰无想山最高海拔210米,山区共有大小塘坝10多个,主要有无想寺水库、妇女水库、半山水库、盛村水库、毛家山水库、天池和西砂塘等,群山环绕,山林葱郁，湖光山色融为一体，环境幽雅宜人，众多文物古迹散布其间，山乡民俗浓郁淳厚。无想山南部谷底古无想寺遗址更加凸显“山名无想寺因之，寺抱山中境实奇”之佛家意境，使人流连忘返。

无想寺位于溧水县城南 7 公里，距离南京 50 公里，距禄口机场 22 公里，宁高高速公路直达寺区，从南京至此只要 35 分钟。近年来，以无想寺为中心，集县林场平山分场和秋湖林场一带约 2 万亩左右山水资源，地方政府兴建了无想寺森林公园景区景点。未来的无想寺森林公园将包括无想山、平安山、顶公山、石头山、白虎山、秋湖山、馒头山等十多个山头景区林区。景区内山陵连绵起伏，林木苍翠层层叠嶂，峡谷群山环转迴抱，树木幽深遮天蔽日，四围青山一汪碧水，碧水蓝天悠悠钟声，袅袅炊烟温馨宁静，一方无思无想的佛地，一处有情有味的仙境，将逐渐成为南京近郊规模最大、最适合城市居民度假休闲场所。

南京汤泉·惠济寺

惠济寺位于南京江北汤泉镇老山山脉旁。

惠济寺，旧为“汤泉禅院”。南朝刘宋时期武帝刘裕曾经万乘巡游，萧梁时期昭明太子萧统亦在此读书，留下昭明太子濯足沐洗的温泉，后人称太子汤。北宋初年，汤泉禅院易名为“惠济院”。宋英宗熙宁年间，漳南道人昭庆来此隐居，不久，其友孙莘老、秦少游、释参寥三人结伴来访，秦少游为此写出了传颂千古的《游汤泉记》。宋哲宗元祐年初，高僧忠境法师将惠济院改建为“惠济寺”。明代洪武年间，太祖朱元璋驾幸汤泉镇，为避讳“汤”字遂将汤泉镇改称香泉镇，惠济寺也因此一度易名为“香泉寺”。清代道光年间，邑人毛麟、苏兆奎两人又在惠济寺内创办了一座英华书院，伴随着惠济寺阵阵钟磬声，善男信女参佛礼拜之余，亦可修学中国传统文化，子曰诗云声从此抑扬顿挫。慧济寺举办英华书院这种寺庙与书院紧密结合的形式，在全国并不多见的。咸丰年间，这座千年古刹毁于太平天国时期的战火中。

惠济寺的特色是础石、碑刻和古木。础石分为两类，一类是覆盆式雕花柱础，在覆盆上雕有缠枝牡丹、葡萄、莲花等纹饰，流露出富贵、兴旺、祥和寓意。从柱础形制及雕花枝法来看应是南唐“汤泉禅院”或宋初“惠济院”遗物。另一类是覆盆式素面柱础，时代略晚，可能是惠济寺元祐三年（1088 年）所建转轮藏殿遗物。

惠济寺旧存碑刻极多。年代最早最负盛名的是南唐所立《汤泉禅院之碑》，该碑为青石质地下承龟趺，碑首半圆上有蟠龙浮雕，碑额篆题“汤泉禅院之碑”六字，笔力雄壮遒劲，碑文系南唐文苑名流光政殿学士韩熙载所撰。此碑在“文革”期间被炸为数段，现已收集到其中 5 块拼接。尽管碑文漫漶只剩下 100 余字，堪可辨识，但作为稀见的南唐时代的碑刻文字依然弥足珍贵。惠济寺还存有记载北宋元祐三年(1088 年)建造惠济寺转轮藏殿并供奉银函葬佛舍利、明崇祯十六年(1643 年)重建观音宝殿、清康熙二年(1663 年)重修大雄宝殿等事迹的题名刻石，告诉后人惠济寺的千年兴衰。

惠济寺内有三棵堪称稀世之宝的古银杏树。相传均为南朝萧梁时期昭明太子萧统在此读书时手植，迄今有 1400 多年树龄，是南京地区现存最古老的古银杏树。其中，长者名为“千年垂乳”，树高达 20 米，树径达 7.5 米，须七个成年人合抱，树枝上共有七支下垂乳瘿气根，最大的气根长 2.18 米，根径约 30 厘米，周长约 90 厘米，宛如饱经沧桑的母亲，使人产生无限的景仰和神秘之感。仲者名叫“撑天覆地”，树高达 25 米，树径达 7.4 米，树干高撑天空遮天蔽地，浓密的树荫覆盖地面半亩有余可供千人纳凉。叔者唤作“雷击复苏”，树高达 24 米，树径 4.7 米，树干挺直高耸宛若一柱擎天傲岸而突兀，咸丰年间惊雷击毁了半边躯干，数年之后奇迹般复苏，树干中空，向上观望当年被雷劈过部位可现“一线天”的奇观。

更为奇特之处在于三株古树所结果实都是无心白果，乃中华一绝，1982 年被列入《中国古典园林之最》。已故著名书法家、当代草圣林散之先生对故乡这三棵千年古银杏树怜爱有加，曾作五百余字赞颂长诗《古银杏行》并刻碑立于惠济寺内。

惠济寺内这三棵银杏树历千年风雨依旧生机盎然，这与汤泉镇地下富含硫黄碳酸气的温泉不无关系。汤泉镇素以“温泉之乡”闻名，镇上温泉泉眼多达七八处，除早年废弃的太子汤外，尚有五柳泉、川塘、珍珠泉、汤湖堰、菱角坑等，其温泉不仅可以疗癣，还灌溉禾苗农作物。惠济寺之在汤泉，天独厚可游可赏。

南京老虎头·光宅寺

位于南京市城南老虎头。

光宅寺始建于南朝梁天监七年(508 年),原为梁武帝萧衍的故宅。当年,萧衍当了皇帝,便将同夏里三桥篱门侧之故里舍为寺庙,取名“光宅寺”。当时庙宇宏伟,梁武帝曾将僧祐法师所造高达一丈八尺的无量寿佛像供奉于此,并下诏镌铸金像花趺,命周兴嗣、陆倕等著名文人各制寺碑。隋唐以后,寺庙日渐荒废。南唐保大年间仅存地数亩,更名“法光寺”。

北宋时期,寺僧募资重修,正殿倚岩而筑,塑有佛像十六尊,改称“鹿苑寺”。元代著名书画家赵孟頫及管仲姬曾在寺内画观音大士像,将之刻石成像。明代成祖永乐年间(1403—1424 年),西域回光大师用修建大报恩寺的余款重新扩修了此寺,因此更名“回光寺”。据《金陵梵刹志》记述:当时回光寺寺庙基址纵横达五十丈,寺内建筑有山门一座、金刚殿一楹、正殿三楹,右侧有关圣殿三楹、大悲殿五楹、天妃殿一楹、玄帝殿三楹、地藏殿三楹,左侧有五显殿三楹、观音殿三楹,另有伽蓝殿一楹、祖师殿一楹、藏经阁三楹、禅堂六楹及僧院四房。明神宗万历元年(1573 年),重修寺院并立碑记事。此后几经战乱,名寺复成废墟。

清代乾隆四十六年(1782 年),有一位游方和尚偶然在废墟中掘得一尊石观音像,为此设法重建了寺庙并以“石观音寺”重新命名直至现在。现存石观音寺仅存正殿一座、后堂一座,寺内仅有一尊孤立的石观音像置于一口深井之畔。

光宅寺外(即现存石观音寺)环境特殊,极具文气。光宅寺前为赤石矶、后为白鹭洲,相邻于“周处读书台”、清代著名戏剧理论家李渔的“芥子园”,原先五位一体连成一片,寺侧旧有古柏庵、西莲庵、接引庵等建筑,实为风景绝佳胜地。

光宅寺内有一古井,极具阴气。相传梁武帝皇后郗氏生性妒忌残害后宫,后因亵渎圣僧宝志大师遭到梁武帝当众训斥。郗皇后因此羞愤难忍而投身光宅寺深井自尽,之后此井便被称作“郗氏窟”。郗皇后投井之后化为一条蟒蛇托梦给武帝,导致梁武帝十分追悔,寝食不安,于是册封郗氏为龙天女。光宅寺因此之后也被民间称呼为“蟒蛇仓”或“回龙里”。

南京雨花台·高座寺

高座寺位于南京城南中华门外雨花台。

高座寺始建于西晋永嘉(307—312 年)之末。当时,寺内有一口掘自西晋年间(265—316 年)的古井,因其水质清纯甘甜如"甘露"而被称之为"甘露井",故寺庙最初取名"甘露寺"。

据《金陵梵刹志》记载,西域沙门印度王子帛尸黎密多罗集密咒、梵呗、译经、讲法、苦行于一身,于东晋初年南渡游历至建康(南京),颇为丞相王导所敬重,于是特别邀请他在甘露寺讲经说法。由于帛尸黎密多罗讲经时常坐在高处,被人尊称为"高座道人",人们也敬称他"高座"。后来,帛尸黎密多罗卒于建康并葬于甘露寺,梁元帝萧绎为其树塔建冢,该寺便被正式更名为"高座寺",帛尸黎密多罗也因此成为了高座寺的开山祖师。

南北朝梁武帝时期,宝志禅师在高座寺任过住持,常有云光法师在雨花台山顶说法讲经。宋代一度改称为"永宁寺"。明代,高座寺被一分为二,西边仍为高座寺,东边为永宁寺。明洪武初年曾废寺,其建筑基本上毁于大火。明代宗景泰癸酉年间(1453 年),当礼部尚书胡濙前来进香时,原先颇具规模的寺院已是破败不堪。明代宪宗成化年间,僧人照堂法师全心尽力广募钱财打算修缮古寺,直至明代孝宗弘治戊申年(1488 年)腊月才得以正式动工恢复拓建,丙辰年十月(1496 年)完工,这次修建工程先后恢复了药师、净业两大殿以及东室、西堂、钟鼓楼、厨房等建筑,正殿被建在风光秀丽的雨花台正前方。

雨花台原是二三百万年前古代长江和支流秦淮河的泥沙经过不断沉积而形成的山丘，山丘上的石英岩石和玛瑙石色彩艳丽晶莹剔透，犹如石中生花一般而被人们称作“雨花石”。雨花台古称“聚宝山”“玛瑙岗”。雨花台往西是与雨花台有孪生姊妹之称的菊花台。菊花台上翠竹茂林岗峦起伏。相传清代乾隆下江南时值金秋，路过此处满山雏菊盛开，浮金点玉流光溢彩，美景不凡醉心忘返，便脱口命名“菊花台”。当年，康熙秀才、雍正举人、乾隆元年进士、“扬州八怪”之一的郑板桥非常欣赏高座寺四周的秀丽风光，因此作有《高座寺》赞文一首：“暮云明灭，望破楼隐隐，卧钟残院。院外青山千万叠，阶下流泉清浅。鸦噪松廊，鼠翻经匣，僧与孤云远。空梁蛇脱，旧巢无复归燕。可怜六代兴亡，生公宝志，绝不关恩怨。手种菩提心剑戟，先堕释迦轮转。青史讥弹，传灯笑柄，枉作骑墙汉。恒沙无量，人间劫数自短。”

如今，那口古老的“甘露井”保存完好，只是 1977 年又建了一座“甘露亭”，“甘露亭”内还竖着一块“乾隆御碑”，上面刻有清代乾隆自 1751 年至 1784 年之间六次巡游南京多次到雨花台游览时的题诗。寺旁更有一汪泉水，南宋诗人陆游见泉水清澈见底、大旱不涸、其味清洌，名曰“江南第二泉”。今二泉之水虽枯，古之盛名犹存。现在高座寺中的“江南第二泉”依然是个不可错过的看点。

第二章　祖庭精舍

无锡马迹山·祥福禅寺

祥符禅寺位于无锡市太湖马山区马迹山秦履峰南麓之幽境，是法相宗祖庭之一。

祥福禅寺始建于唐朝贞观年，建寺距今已有一千三百七十余年，为无锡人右将军杭恽所建。唐朝高僧玄奘自天竺归来，游历东南，杭恽陪同他行至秦履峰。玄奘所见此处胜景，悟若西天灵鹫山胜境，赞叹此处堪称“东土小灵山”，故将原寺取名为“小灵山寺”。之后，命弟子窥基任方丈并成为法相宗第一世，从此开创汉传佛教的八大门派之一法相宗，“小灵山寺”因此成为法相宗重要祖庭之一。

唐玄宗李隆基时期，天台宗九祖荆溪大师湛然一度驻锡于小灵山寺，致力于天台宗著述而大弘天台宗教法。唐代代宗大历年间，朝廷以优厚待遇诏纳湛然，湛然却以身疾辞退谢绝赴京。唐德宗建中三年(782 年)二月，湛然示寂於天台佛垄。五代十国时期，吴越钱谬因为湛然于小灵山寺事迹而追赠其为“圆通尊者”。北宋大中祥符年间，真宗赵恒诏改小灵山寺为“祥符禅院”。徽宗赵佶政和四年(1114 年)，升“院”为“寺”。南宋高宗绍兴年间，可观法师曾经驻锡与祥福禅寺宣扬天台宗教义。元代惠宗至正时期，大澄禅师担任祥福禅寺住持并弘传禅宗青原下曹洞宗教旨。元末祥福禅寺寺塔俱毁，一时法轮滞转慧灯失明。

明代太祖洪武年初，释行辉法师至此重建寺宇数楹。明代宣宗宣德年间,来自惠山的道岩法师游访小灵山,见寺院荒圮便舍买衣资鼎建佛殿禅房,然后返回惠山。临行前,道岩法师举荐杭州天竺僧人智澜法师前来主领寺事。据《武进阳湖(县)合志》《马迹山志》等记载,智澜法师"坚持戒律,精修苦行,事理圆融,悯兹古刹废弛",即"以兴复为己任",以至于日后"缁素向慕,捐资以助者踵至。由是鸠工集材,首筑周垣五百余丈,植树六百万株,创建法堂、方丈各十有一间,左右伽蓝、祖师二殿。前竖山门,旁立侧室,与夫香积之厨、贮物之库、储粟之廪靡不毕备。越八寒瑭,功乃告成"。同时上请当朝敕赐《大藏经》并营造藏经阁,方便僧众阅藏读经。后来,智澜法师的徒弟道梁、天霖继承了师业,道梁的高足德乘更是秉师教续师志,新建了天王殿、大雄宝殿。明代神宗万历年初,太仓怀云寺僧顺庵禅师喜爱小灵山这座"湖中第一山",所以允邀住持祥福禅寺并意欲终老于祥符禅寺,所以发心重建佛塔,"乃命其徒告诸旧址,咸乐于从事积资鸠工,历三载而塔始成"。并形成"孤塔影从云外落,清磬声在树间留"胜景。

祥福禅寺正式传继禅宗始于明代。明代神宗万历年间,苏州邓尉山法藏法师谒天童禅寺密云禅师蒙印付法,成为临济宗三十一世,之后他迁住小灵山住持,从此祥符禅乃传禅宗南岳下临济宗。明代思宗崇祯九年(1636 年),法藏命徒弟洪储法师住持祥符禅寺。崇祯十四年(1646 年),洪储入天台之后,一直辅助师兄洪储的法藏又一弟子慧刃法师继主祥符禅寺,以后不畏战火动荡,极力维持祥符常住,尽心传播临济宗禅风。

清代康熙初年,海阳苏子荆捐资重建大悲殿五楹,僧舍数间。康熙皇帝第五次下江南,在金山召见祥符禅寺住持纪荫时御笔亲书"神骏地"额,祥福禅寺因此舍去原先寺名。民国三年(1914 年),古刹重建复名祥符禅寺,不久被常州天宁禅寺收为下院,中庸法师前来住持,时有寺宇三十几间,熟田四十亩,山地三顷多。后经抗日战火及"十年浩劫",祥符禅寺名存实亡而归属茶场。

改革开放以后,祥符禅寺得以筹划重修。如今荫庇着祥符禅寺的"灵山大佛",著名佛教文化景区布局宏大气度宏伟,祥福禅院寺院反而显得更为朴实简洁、古色古香。

宜兴白象山·崇恩寺

崇恩寺位于宜兴阳羡磬山风景区之湖父镇岗下村青芝岭白象山中，是南禅中兴祖庭之一。

崇恩寺始建于唐代。据《宜兴县志》旧志记载："唐代有一僧人，周游各地，一日至此荒山野岭，见四周山峰叠嶂，形似莲花，其中上坡地，状似象背，山清水秀，景色宜人，僧惊叹不已，遂掘基建寺，得一玉器，观其形似钵，击其声似磬，僧视之为宝，因命此山曰磬山，寺曰磬山禅院。"

据《江南通志》记载，明末高僧天隐禅师重修磬山禅院，他当时有弟子四人，其中箬庵、玉琳最为著名。清世祖顺治十七年(1660年)，顺治皇帝迎请玉琳法师进京，下旨加封玉琳为"大觉普济能仁玉琳通国师"并赐"如联亲临"象骨折扇一把，当年四月初八佛诞节早晨五更上朝时还举行大清皇帝和全国臣民礼拜国师的典礼。康熙初年，命皇上命重臣护送其回到宜兴，改磬山禅院为"磬山崇恩寺"。雍正三年(1725年)皇上为崇恩禅寺赐匾额"宏阐法印"，雍正十一年(1733年)，因寺院太小而被拆除重建并增修了殿宇，皇帝又为此赐御制碑两座。乾隆年间，崇恩禅寺几经修建后殿堂宏伟，规模巨大，全寺僧房增至楼房两百余间，信僧达四百余人，香火日盛游人如梭，成为全国著名的演法道场，列国内十大禅寺之首。

相传当年乾隆皇帝闻其生父在磬山出家，便三下江南寻父至此，但因其父避而不见而抱憾题词御书"天下第一祖庭"，崇恩禅寺也随之佛法大兴，乃至以后数百年间江南名刹住持皆是磬山法子。清代光绪年间，磬山崇恩寺已经成为江南佛学之隆、天下归慕之寺。

抗战期间寺院被日军付之一炬，僧散法陨直至当代。“文革”期间仅存几间禅房也被夷为平地。改革开放后，磬山崇恩寺被列入太湖风景区阳羡景区种的“陶祖圣境”开发景点项目而得以重建兴旺。

如今的磬山崇恩寺集寺院、塔林、修祖茅蓬、象鼻饮洞、龙池、洗钵池、石碑坊、倒栽柏等景点于一谷，被称为“磬山幽谷”，其中坐落在竹林深处的七十多座历代方丈圆寂石塔乃为全国最大。“天下第一祖庭”崇恩寺，也被当年天隐禅师借以体会“无碍”“无心”境界的“洗钵池”“驮龙桥”“磬山塔林”“牛奶塘”和“龙眼泉”等所包围。

围绕磬山崇恩寺还有古大十景：一是“天下第一祖庭”石碑坊，两旁立柱上有一副对联“荆溪流清泉蓄千岩照日月，象峰积翠光涵万壑耀乾坤。”；二是塔林，或一塔一冢或数塔合冢，僧塔布局，论世排辈，井然有序，尚存完好塔 23 座。三是西施洞，传说西施隐居这里耕种休养。四是象鼻涧，活像大象鼻子伸入涧内饮水。五是驮龙桥（湾），相传乾隆微服私访寻父至桥边，见木桥破败摇晃，桥下涧水湍急，山上樵夫担柴路过，便驮乾隆过桥，为此乾隆下旨改建石拱桥以谢山民。六是倒栽柏，寺内大殿前天井中乾隆生父墓地西边，曾有一棵树干直径 1.5 米高 10 余米的倒长柏树——“乾隆倒栽一柏树”。七是修祖茅蓬，原为天隐圆修禅师住锡结蓬用功修道之处，今茅蓬已毁，屋基尚存。八是修祖洗钵池，直径约 1.5 米，位于寺旁斋堂左上侧路边，终年积水从不干涸。九是龙池，位于天王殿左侧，十余平方米见方，常年有水且池中有土龙。十是清凉亭。

宜兴云湖·大觉寺

大觉寺位于宜兴西渚镇的横山水库（现称“云湖”）风景区，是台湾佛光山祖庭。

宜兴大觉寺始建于南宋咸淳年间（1265—1274 年），由志甯禅师首建，初建时为禅宗临济宗道场。清乾隆（1736 年—1796 年）年间，以超禅师与界仁禅师共同整修扩建了寺院后，寺名更改为“集贤山大觉院”。

据《宜兴县志》记载，清道光（1821 年—1850 年）年间，广法法师担任住持和尚，寺名为“元上乡白塔山大觉寺”。1920 年，临济宗第四十七代弟子志开和尚担任住持。1938 年，悟彻今觉（即台湾佛光山开山宗长星云大师）在此出家受戒于志开法师，成为禅门临济宗第四十八代传人。1947 年今觉法师与师兄今观法师返回主持寺务并兼任白塔国小校长。1948 年星云大师跨海赴台，之后创立了台湾第一佛教丛林佛光山。

1989 年，星云大师由台湾返会祖国探亲弘法，回到宜兴祖庭礼祖，眼见片瓦无存，不禁兴叹“当尽复兴祖庭之志”，复兴祖庭重修大觉寺，于是选址占地千亩、依山傍水、翠竹环绕的西渚镇横山水库旁“云湖”之滨。

大觉寺地处天目山余脉，与风景优美的无锡首个水利风景区横山水库毗邻。站在横山水库雄伟的拦洪大坝极目远望，大觉寺寺庙掩映于茂林修竹，若隐若现。大觉寺庙宇背山而筑设于高台，站在大殿远眺四周，山峦重重叠叠，寺庙主体建筑周围林木葱茏，那些浓得化不开的绿色随着地形起伏绵延开来，悦人眼目。庙宇设在高台之上，有观音殿、大觉寮、美术馆、滴水坊、客堂、斋堂、放生池、佛陀行化图、白塔等，另有客房数十间。

大觉寺易址重建，吸收了星云法师在内的各方意见。星云法师还曾经亲自到白塔寺庙基周围走访民众收集信息。2005 年 6 月佛光山曾派遣慧伦法师、慧是法师前来，展开筹建工作，2005 年 10 月 14 日奠基开工。时有东北诸青年发心于大师座下披剃出家，法名慧方法师、慧品法师、慧有法师、慧宇法师、慧常法师等五人，分别在浙江宁波雪宝寺、江苏泰州光孝寺、广东深圳弘法寺等道场受具足戒后，全心投入开山重建工作，佛光山本山的心定、心培、慈惠、慈容、妙士等法师及萧碧霞师姑也曾多次前来探勘指导。

星云大师之重建宜兴大觉寺，除报师恩外，更期望能够为两岸佛教之交流、神州佛教之复兴有所裨益，将大觉寺建址选在横山水库东侧，旨在依助于周边资源优越的地域景观特色，将现代山水文化与佛教文明结合起来，更好地传播佛教思想。

镇江宝华山·隆昌寺

宝华山隆昌寺位于江苏句容西北，距南京三十多公里。隆昌寺是律宗祖庭之一，宝华山也被称为我国佛门“律宗第一名山”。隆昌寺始建于南北朝梁武帝天监元年(502年)，原为禅宗道场，齐梁年间高僧宝志和尚在此结庵传经，故名“宝志公庵”。宝志和尚圆寂之后此山寺逐渐冷落。梁代后更名为名“千华寺”“千华社”。

唐宋以后几经战乱，中国的律宗典籍逐渐散佚，至元明两代乏人传承。据隆昌寺山门西侧墙碑记载，明代穆宗隆庆年间，普照和尚为重振宝华山，仿效宝志再度结庵于此。其时宝华山狼奔虎窜，寺之右侧有一猛虎洞穴。虎狼当道岂有信众，普照和尚断己手臂以祭猛虎，猛虎随之远迁。消息传开，众人深感普照诚意纷来膜拜，千华寺山再度振兴。明嘉靖年间，普照禅师开始复建“宝华庵”。明末神宗万历年间，古心律师如馨徒步五台山求学戒法，返回金陵之后在古林寺建弘律道场再兴南山律宗。

明神宗万历年间，由妙峰法师主持道场，万历三十三年(1605年)，妙峰禅师得明神宗及其生母慈圣皇太后资助，增造铜殿一座、无梁殿两座，神宗敕赐《大藏经》及“护国圣化隆昌寺”额，该寺遂易名为“隆昌寺”。

晚明思宗崇祯十二年(1639)，金陵古心系如馨律师的法嗣寂光三昧律师，在宝华山“宝华庵”另辟律宗道场，开创律宗道场，从此宝华山改禅为律。此前，中国各地曾有不少律宗著名道场如泉州开元寺、杭州昭庆寺、北京戒台寺等，分别是盛唐、五代、北宋、辽代的古律宗道场，虽名重一时但至元、明便先后衰落。所以，宝华山隆昌寺担当起了中兴律宗的历史使命，在中国律宗历史上占据着重要地位。

清代康熙四十二年(1703 年)，康熙帝第四次下江南，赐御书“慧居寺”，故基础上又称“慧居寺”。又据现山门内墙西侧碑文记载，1931 年，由当时的考试院院长戴传贤为阐发“饮水者宜思其源，显业者宜培其本”思想而建议沿用原寺名“隆昌寺”至今。

隆昌寺一直以国内最大的传戒道场之一而久负盛名。明、清以来全国有百分之七十的僧尼来此受戒，尤其是隆昌寺第七代祖师福聚法师率众僧赴京参加放皇戒(即授御戒)以后，隆昌寺威望愈来愈高。

据《宝华山志》记载，清代雍正十一年(1733 年)四月十九日，清世宗福临皇帝下谕和硕庄亲王等人曰：“朕欲赐各省僧人一千五百众于悯忠寺受皇戒，尔等可寄信与江南总督，令其将大宝华山住持福聚送赴来京，其放戒所需执事之僧人，即着福聚拣选一并前来。其来京之期，于明春正月间起程，二、三月间到来即可。再着将福聚放皇戒之意，传布在波所住各省僧人知悉，如有愿受皇戒者，亦着于明春来京。俟僧众受戒圆满之日，仍送福聚等回山。钦此。”随后，福聚法师住持承旨率宝华山 120 名执事僧于次年二月奉召到京。

他们到京后，皇帝除福聚法师被多次召见于便殿和圆明园并赐予紫衣及御制佛经等物以外，首先谕将悯忠寺改为法源寺，后命庄亲王护送福聚至法源寺主持三坛大戒。福聚法师登坛之时，感堂殿放光五色宝光上冲霄汉，最后宝华山执事僧 120 人及新受皇戒僧 1819 人，每班 10 人次第接受皇帝召见，称为名义上的“受皇戒”。实际上，众人依然接受的是宝华山和尚所授之戒。

从此以后，宝华山名声大振一举成为全国授戒名寺。每年冬春传戒，各地求戒僧众蜂拥而来。清代光绪二十六年(1900 年)一次开戒，云集受戒者就达 1200 余人。据不完全统计，宝华山律院先后授戒七十余期，“得戒僧徒遍于天下，以数十万计。”凡在宝华山受戒取得隆昌寺戒牒者，走至全国名山古刹都会受到热忱接待。

隆昌寺号称有殿宇九百九十九间半，四合方形建构非常独特，宛若一座巨大法坛。而寺内戒坛堂更是高四丈、深三丈六尺，前设照壁两翼有走廊、上有“佛制戒坛”额匾，其中心为一座木结构戒坛。1705 年，律宗第二代祖师见月大和尚改为石戒坛。见月大师博学多才心灵手巧，曾亲手绘制戒坛图，寻能工巧匠刻意营造，足显宝华律范严密。

清代康熙四十四年(1705 年),康熙皇帝因雨未能如愿登游宝华山,便曾作诗一首:“欲向青山涧壑行,春云又变晓阴轻;勾陈不遣惊禅定,恐碍林间碧草生。”1707 年,康熙再次登临宝华山,分别恩赐铜殿、戒坛御书“莲界云香”“精持梵戒”匾额以及金字《心经》一卷、《渊鉴斋法帖》一部、“御书金扇”一柄。

乾隆皇帝曾六下江南、六登宝华山,留下了“乾隆寻父”的许多传奇故事。乾隆十六年(1751 年)乾隆皇帝第一次临幸宝华山,赐大雄宝殿御书匾额“光明法界”,赐铜殿御书匾额“宝网常新”,赐戒坛御书匾额“精进正觉”,为戒坛作联句“地控秣陵,金殿香浮华鬘动;山蟠句曲,石坛月朗戒殊圆”,另作诗云“松径霏花雨,香台霭法云。范铜辉杰阁,镂玉稳蜚文。宝志名长在,梁皇忏尚闻。芳飘舞锦卉,仙籁韵琼贲。谁识隆昌旧;从来名象纷。澄观忘万虑,小坐亦堪欣。”乾隆皇帝还赐有墨刻《金刚经》宝塔、《心经》宝塔、观音圣像和白金五百两。

1757 年乾隆再登宝华山,赐朝珠一挂、荷包四枚、鼻烟一瓶、白金五百两、御书“福”字等。1762 年乾隆三登宝华山,御书“南无阿弥陀佛”六字并放大刻写于寺院围墙上,赐御书石刻《法华经》一部、功德斋银五百两、荷包一枚、哈达香一包、藏香二束等。1765 年乾隆四登宝华山,赐石刻黄龙佛像一轴,斋银五百两,哈达香四封、藏香八束,并作诗云“梵宇宝华阳,庄严殊胜常。石坛授五戒,铜殿压诸方。庭有禽听呗,厨多鼠守粮。谢参黄药拂,期结白莲场。轮演无生法,灯传不尽光。回舆度耨水,清磬尚悠扬”。1780 年,乾隆五登宝华山再赐斋银一百两。1784 年乾隆六登宝华山,赐《兰亭图》一卷、《无量寿经》一函二卷、如意二柄、元宝锞五十锭。

民国时期,国民党元老戴传贤曾在隆昌寺居住过,并修缮寺宇立“孝敬碑”。张治中将军也来过宝华山,登高远眺心旷神怡,俯视长江心潮翻滚,感叹之情油然而生,在此修建“哭弟亭”。

宝华山因盛夏时节黄花满山而得名“花山”。南朝梁代宝志和尚登山结庵讲经传教而改称“宝华山”。宝华山为宁镇山脉之名峰,四周群山环抱争雄斗奇,“东凌铁瓮,西控金陵,南负句曲,北俯大江”,山势崛起而中凹,峰环绕若花含萼,含藏寺宇如莲有房,史称“山为莲花瓣,寺在莲心中”,其形安逸,其势尊严,气势雄伟,景色壮丽。

隆昌寺建在山坳之中,古寺被青山环抱盛夏无暑,古木掩映常年云锁雾罩清静绝尘,真乃佛门名刹,引来历代达官贵人、名流雅士纷纷登山浏览,留下千古佳句诗文百余篇。

唐朝诗人贾岛登山吟诗最具代表性,代表作是:“遥知百石宝,松柏隐朦胧,月落看心次,云生闭目中;五更钟隔岳,万尺水悬空,苔藓嵌岩所,依稀有径通。”

南京摄山·栖霞寺

栖霞寺位于南京市东北二十余公里处的栖霞山(原名“摄山”)上,是江南三论宗祖庭。

栖霞寺始建于南齐永明七年(489 年)。南朝刘宋泰始年间(465—471 年),山东平原鬲县(今山东德州市东南)居士明僧绍曾经在栖霞山结庐隐居,“抗迹人外”“不事人世”20 余年。刘宋末年,名僧法度禅师来到南朝都城建康,并赴栖霞山讲授《无量寿经》。法度禅师深通佛理,持律精严,“备综众经,而专以苦节成务”。所以,明僧绍待之以师礼,密切交往。

南齐永明七年(489 年)正月,明僧绍舍宅为寺,供法度禅师居住,并称之为“栖霞精舍”,“栖霞寺”由此创立。

历史上,栖霞寺几易其名。南齐永明时期初建时称“栖霞精舍”,唐时易名“功德寺”,南唐时改寺额为“妙因寺”,宋太平兴国五年(980 年)改称“普三寺”,宋景德四年(1007 年)改称“栖霞寺”,后又更名“崇报寺”“虎穴寺”。明太祖洪武五年(1372 年),朱元璋敕书“栖霞寺”并一直沿用至今。

南朝时期,王公贵族大都崇信佛教,对栖霞寺大加营建,他们集资开凿了石窟“千佛崖”,内雕刻有大小佛像 999 尊,最高达两米。栖霞寺由此成为“南朝四百八十寺”中最著名的寺院。梁元帝萧绎曾经撰写《摄山栖霞寺碑铭》,将栖霞寺描摹得如同化外仙境一般。

梁代武帝期间,辽东名僧僧朗法师研究“三论”及《华严经》尤深，曾经驻锡栖霞寺师事度法，弘扬“三论”，深受梁武帝器重。后来，其弟子僧诠、嗣孙慧布继续住持栖霞寺，“三论”佛法由此隆盛并创立“三论宗”法派。由此，僧朗被后人尊称为“三论宗初祖”，栖霞寺也被尊为“三论宗祖庭”。

隋朝文帝杨坚于仁寿元年(601 年)六月颁布《舍利子诏》，“分道送舍利，先往蒋州栖霞寺，及三十州次五十三州等起塔”。于是，栖霞寺便建立了留存于今、全国仅存不多的舍利石塔，并成为当时舍利塔之首。

唐代高祖李渊曾经将栖霞寺更名为“功德寺”，增建梵宫殿宇 49 所。唐代高宗李治于上元三年(676 年)将该寺更名为“隐君栖霞寺”，立御制“明征君碑”以表彰当年明僧绍舍宅建寺之功。唐代“会昌法难”中隐君栖霞寺遭毁。唐宣宗大中五年(851 年)，栖霞寺被重建于原址。

中唐时期栖霞寺更名为“妙因寺”并重建舍利塔。北宋太平兴国五年(980 年)更名为“普云寺”。宋代真宗景德年间(1004—1007 年)改称“栖霞禅寺”，后来一度更名为“严因崇报禅寺”“景德栖霞寺”“虎穴寺”等。明代洪武二十五年(1392 年)，太祖朱元璋敕赐寺名“栖霞寺”，一直沿用至今。

栖霞寺占地 40 余亩，有山门、天王殿、毗卢殿、藏经楼等大小殿堂几十所，珍藏有《大藏经》7000 余卷，另有各种书籍 14000 余册。寺外右侧是舍利塔，始建于隋文帝仁寿元年(601 年)，后唐时重建。舍利塔用白石砌成，八角五级高约 15 米，须弥座以五层密檐式塔室构成。全塔结构精巧雕刻华丽，人物细致栩栩如生，堪称国内古代舍利塔精品。从舍利塔往东便是千佛岩，遍山岩石上大小石窟近百个，内有不等大小佛像 500 余尊，最大佛像为高约 10 米的无量寿佛，左右两侧为观音、大势至菩萨立像。

目前，栖霞寺设有中国佛学院栖霞山分院，分院是我国佛教教育基地之一。

南京凤凰台·瓦官寺

瓦官寺位于南京中华门内凤凰台西南隅之花露岗，是天台宗祖庭之一。

瓦官寺始建于东晋哀帝兴宁二年(364年)。《梁高僧传》载:“释慧力，未知何许人。晋永和中，来游京师，常乞蔬食，苦行头陀修福。至晋兴宁中，启乞陶处为瓦官寺。”因慧力法师奏请，哀帝司马丕诏谕“以秦淮河南岸窑地，施僧慧力造瓦官寺”。因掘地得古瓦棺，故称此寺为“瓦官寺”。由于朝廷布施护城河内陶官旧地予以建寺，百官士大夫也竞相捐施钱财，以至于瓦官寺迅速兴建了150余间殿庑僧寮金碧辉煌，壮丽灿焕规模宏大。东晋末年，瓦官寺已拥有上千僧众。

不久，慧力法师又另建一塔。时有东晋高僧竺法汰驻锡南京奉敕讲《放光经》，东晋简文帝司马昱亲临听讲，王侯公卿云集，为此慧力法师开拓堂宇兴建重门，后又有竺僧敷、竺道一、支遁林等人亦来驻锡，盛开讲席，刘宋以后更有慧果、慧璩、慧重、僧导、求那跋摩、宝意等高僧相继来住敷扬经论或宣译梵夹，梁代增建瓦官阁，僧供、道祖、道宗等高僧曾驻锡，瓦官寺从此名声大噪。

最为重要的是，陈废帝光大元年(567年)，天台宗创始人智者大师智顗曾经住此，直到太建七年(575年)入天台山一共8年，大讲《法华经》《小止观》《大智度论》及《次第禅门》，深获朝野崇敬，僧俗负笈来学者不可胜数，寺运隆盛。智顗大师在瓦官寺为创立天台宗做了重要的理论准备，因此后人尊瓦官寺为天台宗的祖庭。

后唐升元元年(937 年)，瓦官寺改称“升元寺”。宋太祖太平兴国年间(976—983 年)，又改名“崇胜寺”。宋太平兴国五年(公元 980 年)，复建寺院命名“崇胜戒坛院”，同时筑“卢舍那佛阁”。明初，瓦官寺完全荒废，一部分改成徐魏公之族园，另一部分则成为骁骑之卫仓。明代嘉靖年间(1522—1566 年)，徐魏公在族园侧旁兴建了“积庆庵”，又称“古瓦官寺”。明代万历十九年(1591 年)，僧圆法师与诸檀越商议筹募资金，在凤凰台右建立了“丛桂庵”，并赎回台地重建殿宇。后来，称山上本寺丛桂寺为“上瓦官寺”，称平地私庙积庆庵为“下瓦官寺”。

瓦官寺之所以能够成为南北朝“名震京师，声秀禅林”的建康大刹，还因为拥有“三绝”：一是江左才子顾恺之为瓦官寺绘制了“维摩诘”壁画，为瓦官寺募取百万钱财；二是东晋太元十年(385 年)孝武帝司马曜征聘处士戴逵为瓦官寺塑造了“五世佛”铜像；三是东晋义熙初年(405 年)安帝司马德宗将狮子国(今斯里兰卡)进贡的“白玉如来”供置该寺大佛殿。

据《京师寺记》记载，当年初建瓦官寺，士大夫们鸣刹注疏向寺院捐银，最多者不超过十万。顾恺之到来声称可捐百万。于是让住持和尚修一画壁，闭户花了一百天时间画了一幅维摩诘未点睛的全身像，然后向寺外等待信众传布：“第一日开见者，责施十万；第二日开，可五万；第三日，可任例责施。”

果然，次日顾恺之画上维摩诘的双眼，顿时光明照寺，施者们纷纷捐献，顷刻间寺院便获款百万。

南京牛头山·幽栖寺

幽栖寺位于江宁区东善桥镇牛首山东峰的西南坡祖堂山，是南禅宗牛头禅祖庭。

幽栖寺始建于南朝刘宋年间(459年)，是南朝四百八十寺中早期的庙宇。祖堂山山中有一石窟，传说五世纪后期有僧辟支于石窟中“立地成佛”，石窟被僧众尊为仙窟洞，后在仙窟洞下建仙窟寺，山以寺名，故又叫仙窟山。祖堂山与牛首山似断若连层峦叠翠，主峰削如芙蓉高矗云霄，南麓茫茫竹海古木参天，故又名幽栖山，仙窟寺也称幽栖寺。

唐太宗贞观年间(627—649年)，高僧法融禅师在牛头山幽栖寺北崖下别立禅室，潜修神观，因悟得禅宗四祖道信嫡传心法而创立了南派禅宗的“牛头宗”支派，法融因此被称为“南宗第一祖师”，幽栖寺也被誉为南宗祖堂并由此改名“祖堂寺”。法融德行高尚，吸引遐迩僧众前来达百余人。牛头禅宗一宗传承，法融门下有智岩、慧方、法持、智威、慧思称为“牛头六祖”，慧思门下又有佛窟惟则，惟则门下有云居普智，智威门下有玄素、道钦，均为一代大德。道钦深受唐代宗尊崇被赐“国一禅师”称号。道钦门下有鸟窠道林，他曾经与白居易问答禅意而驰名禅林。

牛头宗在唐代盛极，曾取寺名“长乐寺”“福昌院”“资善院”。唐代宗大历九年(774年)，皇帝李豫曾梦到牛首山辟支佛来见，便命太子于牛首山西峰建筑一座高耸云霄的七级宝塔，后人称为“唐塔”。

五代时期杨吴太和二年(930年)，寺院久废之后得以重建并改称未“延寿院”。南唐时期烈祖李昪常来此山游赏，中主李璟多次前去礼忏拜佛，后主李煜更在寺院大兴土木，造禅房千间。北宋太平兴国年间(970年)，合并对面“崇教寺”(即原南唐后主李煜曾经赐名的“弘觉寺”)为一寺，并改称“弘觉寺”。南宋治平年间(1064～1067年)恢复原名“幽栖寺”。明代太祖洪武初年更名“佛窟寺”，明英宗正统年间更名为原先的“弘觉寺”，又称“祖堂寺”。

明代该寺得以重修扩建。寺庙依山而建规模宏大，自山脚至山门为一冗长古道，林木参天繁叶蔽日，殿阁僧舍错落有致。据《金陵梵刹志》记载，明代祖堂寺内主要殿堂有金刚殿、天王殿、佛殿、千佛殿、观音殿、华严殿、水陆殿等。除观音殿为三楹外，其余各殿均为五楹，另有三层十五楹禅堂、二层十楹斋堂及五楹厨库、茶寮各一座。寺院基址占地240余亩，田地山塘500余亩。对此，明代盛时参《牛首山志》记述为“寺之前后殿宇内，诸佛菩萨，庄严端好，皆前朝时雕塑。其璎珞幢幡，炉瓶几杖，决非诸山可及”，弘觉寺“与西北之清凉，西南之峨嵋，并为圣道场地”。

清代因避讳乾隆皇帝弘历名改称“弘觉寺”为“宏觉寺”，列为“金陵八大寺”之一，承“祖堂振锡”盛名。清同治年间(1862—1874年)，普觉寺在法融禅师修道入定石窟不远的祖师洞旁兴建了大雄宝殿。民国期间，宏觉寺被更名为“普觉寺”。

建于唐代的“唐塔”又称“普觉寺石塔”“宏觉寺塔”，位于牛首山与祖堂山之间，七层八面全以砖石砌成，是牛首山保存至今的唯一古塔，也是南京现存最雄伟的砖制仿木结构楼阁式古塔，登临塔上南郊风光一览无余。宏觉寺塔身共有四个门，佛龛供奉释迦、韦陀佛像，塔刹安置相轮十三天、宝盖、葫芦宝顶。1956年在塔底地宫发现一批珍贵文物，其中有座鎏金喇嘛塔一座，塔底刻有“金陵牛首山弘觉禅寺永充供养”和“佛弟子御用监太监李福善奉施”题记，下有方形雕刻花纹的须弥座，上做壶瓶形的塔身，小巧精致，为明初遗物。

南京石头山·清凉禅寺

清凉禅寺位于南京城西隅清凉山（又名石头山、石首山）上，是南禅宗法眼宗第一祖庭。

清凉禅寺始建于唐代僖宗中和四年（884 年）。五代十国杨吴顺义年间（921—927 年），大丞相徐温重建取名“兴教寺”礼请悟空休复禅师住持。南唐升元年初（938 年），元宗李璟扩建兴教寺为“清凉大道场”礼请文益禅师住持，从此石头山改称“清凉山”。北宋太平兴国五年（972 年）改称“清凉广惠禅寺”。明代洪武三十五年（1403 年），周王朱橚重修山寺，成祖朱棣题额“清凉禅寺”至今。

清凉禅寺是中国佛教禅宗五家之一法眼宗的发源地。法眼宗创始人文益禅师（885—958 年），俗姓鲁，余杭（浙江杭州）人，七岁到新定智通院依全伟禅师出家，20 岁到越州（浙江绍兴）开元寺受具足戒；后至福州长庆院师事雪峰义存的弟子慧棱禅师，又至漳州西石山地藏院经桂琛禅师点化有所证悟。后来又游方至临州（江西抚州市），临州刺使请他住持崇寿院。从此，他名声大振，前来学禅决疑者多达千人。南唐国主李璟闻名，便请文益禅师至金陵赐号“净慧禅师”，住持金陵的报恩、法眼二院，传法盛况空前。

文益禅师晚年，南唐中主李璟曾在他病中亲往礼问。文益禅师跏趺而逝时，朝廷在江宁县丹阳乡建“无相”起塔，南唐公卿皆穿素服送葬于丹阳乡，南唐中主李璟謚文益禅师“大法眼禅师”之号，后人称此宗为“法眼宗”，清凉寺因此成为佛教界公认的法眼宗祖庭。

清凉禅寺法眼文益禅师法嗣传承，据《五灯会元》《传法正宗记》及后人统计达三百六十余人，其中著名的有天台德韶、清凉泰钦、百丈道恒、净德智筠、永明道潜、永明延寿、灵隐清耸，报恩慧明、报慈行言、报恩法安、归宗策真等。法眼宗为禅宗五家最后创立的宗派，它博取众家之长及应时之需，经文益、德韶、延寿三世滴滴相传，至宋初高丽王仰慕延寿学德，遣使致书叙弟子礼，并遣僧人三十六人来受道法，后回高丽，教化一方，于是法眼一宗盛行于海外。

清凉禅寺原有规模较大，后主李煜常留宿寺内。寺内"德庆堂"匾额相传为后主所题。寺后一口古井开掘于南唐保大三年(945)，故称"保大泉"，井水丰沛水质清冽至今，1982 年泉上建一井亭，井亭北墙上镶一石碑，南面所刻"还阳泉"三字为当代著名书法家萧娴所书，北面为书法家庄希祖所书"还阳泉简介"。

法眼宗通过汲取楞严三昧、金刚般若、圆觉了义、维摩不二、楞伽妙谛、华严法界等教乘菁英，铸成其"法眼"，形成了法眼宗独特的感悟。因此，法眼文益禅师所创其禅学思想在中国佛教史上具有崇高的地位和价值，影响远及日本、韩国及东南亚，历史意义十分深远。近十多年来，常有韩国佛教界人士来清凉山寻访、拜谒祖庭。2009 年 6 月 20 日，原清凉寺一座佛殿及五间禅房被作为宗教活动场恢复开放，不久清凉山还将重建一座标志性的法眼宗弘法建筑，尤其将规划出体现"山、水、城、林、寺"一体融合的南禅宗佛教文化特色。

南京凤山·古林律寺

古林律寺位于南京城西之凤山，是中兴南山律宗第一祖庭。

古林律寺为梁代宝志禅师所建，初名“观音庵”，与香林寺、毗卢寺并称当时“南京三大寺”。南宋淳熙年间改称古林庵，灯火相传至明末。

南山律宗是中国佛教重要宗派，以研习和传持戒律为宗旨，主要学说是戒体论，为诸戒都有戒法、戒体、戒行、戒相四科。其中，戒法是佛所制的各种戒律，戒体是弟子从师受戒时所发生而领受于自心的法体——由授受戒法而在心理上构成一种防非止恶的功能，戒行是受戒后随顺戒体防止身、口、意三业罪恶的如法行为，戒相是由戒行坚固而表现于外可作为轨范的相状。律宗创建者隋朝道宣法师(596—667)长住终南山，故其所创律宗被后人称之为“南山正宗”。道宣诸多弟子中承继法系者为周秀、允堪、元照等。元、明之际，法系传承几乎无闻，直至明代万历年间，古心和尚在南京古林寺传戒说法，南山律宗得以重兴。

古心和尚江宁溧水（今江苏省溧水县）人，明代嘉靖十九年（1540 年）生，俗姓杨，名如馨，字古心，赐号慧云律师，人称古心法师。古心法师 20 岁弃俗出尘，赴摄山（今南京栖霞山）栖霞寺剃度为僧，师承真节法师精研佛法。后至山西五台山亲睹文殊大士清凉胜境十分赞叹，即在妙德庵住下日夕参究佛理。

明嘉靖四十五年(1566 年),南山律宗自北宗元照之后法系失传,民间私度严重,僧人不严戒律,世俗僧泛滥,故世宗皇帝延请古心于五台山举办龙华大会,四方慕名赶来听经之僧达数千人之多盛况空前,嘉靖皇帝御赐锡杖衣钵 1250 副。古心主持的龙华大会三年中举行了三次。期间,古心法师深感戒律学为出家人指重要性,之后便研习律学,持戒谨严垂范,深受五台山僧俗大众尊敬,被誉为优婆离尊者转世。

明代万历十二年(1584 年),古心法师从北还南住南京古林庵。其时古林庵"屋仅三楹。圆方百尺"。当时,南京幽栖寺僧人雪浪奉旨督修古长干寺(大报恩寺)琉璃宝塔前来恭请相助,古心法师慨然应允解决了塔顶安装困难。在翻修琉璃塔过程中,古心法师于塔基处发现一铁函内藏《宝志说戒图》,古心法师仿图中戒坛在古林庵建坛"万寿戒坛",每年春冬两期依律传戒,四方求教之僧俗络绎不绝,古林庵也随之化庵为寺,"焕然崛起,百堵一新,遂成一大梵刹矣"。因此,明神宗赐额"振古香林"并御赐十宝,以万寿戒坛为"天下第一戒坛"。明万历四十一年(1613 年),古心受神宗皇帝嘉奖赐千佛珠衣锡杖等物,敕更寺额"振古香林禅寺",赐"万寿戒坛"匾。

清代康熙四十二年(1703 年),康熙巡游之古林寺赐名"古林律园",清乾隆二十四年(1759 年),乾隆赐名"古林律寺"。由此,古林律寺因此被奉为"中兴戒律第一祖庭"。

古心律祖一生宏戒无数,南北丛林无不延请,戒律复光道法大振,其嗣法弟子分灯全国各地,古林律寺实为今日所有律宗法系之根本。其中,句容宝华山第一代祖师三昧律师也是古心律组座下弟子,隆昌寺因此成为古林律寺的分灯。

晚清时期,古林律寺为东山老和尚住持,其弟子辅仁法师(1862—1929 年)随后住持古林法席,竭心尽力越十年,至光绪二十六年(1900 年),新造房屋五十余间,加上前代所建使殿寮达百余间,"佛像装修,动用器具,估值不止四万余金"。这年夏末,古林律寺连遭雷击,三代人辛苦营造的殿宇楼阁毁于一旦,所幸先老和尚东公之灵缸未有损伤,山门古林寺额无恙,实乃吉兆。因此辅仁法师撰文以上报官府,恳求给资先做抚恤,得两江总督刘坤批示,江藩司会同支应局遵照批示核明筹给银五百两,提督杨统帅带领麾下兵卒清挖地基,挑除瓦砾以及搬运材料,辅仁率众,"先行兴工,竭力经营,昼则跣足从事,夜则巡逻达旦,目不交睫,昼夜辛勤,枯槁黧黑,无复人形,见者骇然,善心概发"。日本佛教界听闻古林律寺遭遇天灾,以天台宗座主中山玄航,净土宗座主西山管长、久田做道,临济宗座主丰田毒湛、南禅管长等为代表寄佛教家书表示慰问,足见古林寺海外影响。

光绪二十八年(1902年),落成新寺院,包括牌楼、山门、韦驮殿、大雄宝殿、法堂、钟板堂、西板堂、藏经楼、戒堂、祖堂、大悲楼、万寿戒坛、云深丈室、衣钵寮、退居寮、功德堂、爱道堂、客堂、云水堂、成衣寮、斋堂、侍者室、库房等,皆依山构筑层层叠叠,隐于岗上茂林修竹更加崇高深邃。

第二年,古林律寺恢复春冬两期传戒,辅仁宣讲其著作《律门祖庭汇志》,十方善信来寺瞻礼欢喜赞钦,朝廷特颁《龙藏》以示褒扬。古林律寺整饬化导之后重放佛光,成为了全国性的名山律刹。

1912年春,敬安、清海等一批佛教高僧,为保护寺产弘扬佛法组织成立了"中华佛教总会",辅仁即是"中华佛教总会"发起人之一。嗣后,辅仁又与江天寺青权、高旻寺楚泉、重宁寺雨山、法源寺道阶、留云寺应乾、广济寺现明、毗卢寺叙波等,共同担任政府评议员。1923年,辅仁和尚与静波、惟宽、雨山、王一亭、若舜、荫屏等担任"江苏佛化联合会"执行委员 ,做了大量"佛化"工作。1926年,王吉檀、范古农、姚明光、黄忏华、郁九龄等佛教大居士护法,联名发起成立"南京金光明佛学会",设立了南京毗卢寺初级小学,继而又在古林律寺设立义塾小学。1924年,与兴慈、应乾、融通、德宽、守培、仁山等数十位名山长老联名捐款,请扬州藏经院重刊《水陆仪轨》。

1929年,南山正宗第29世古林堂上第17代辅仁老和尚圆寂,其一生传戒50余期,为古林律寺中兴律宗建塔金陵玉环山,赞曰:"辅仁友祖,雄才荷道,梵宇重新,毗尼扬阐,奉龙藏经,凤山烁彩,增辉祖庭。"

第三章　传奇伽蓝

常熟破山·兴福寺

兴福寺位于江苏省常熟市虞山北麓。

据常熟地方文献记载，佛教大盛的南北朝南齐延兴中兴年间(494—502年)，郴州刺史倪德光舍宅为寺，初名“大慈寺”。至梁大同年间(约536年)，拓建寺基时挖出一块石头，上面石纹左看如“兴”字、右看象“福”字，于是这块“兴福石”保留于寺，寺名也因此改为“兴福寺”。又因兴福寺寺在破龙涧旁，故又称“破山寺”。唐武宗“会场法难”之后，唐宣宗即位佛教得以复兴。唐懿宗咸通三年(862年)，李漼皇帝特赐兴福寺一口大钟，咸通九年又赐“兴福禅寺”匾额，寺院复用“兴福寺”原名，成为江南名刹之一。

有传说唐代贞观年间，常州虞山曾经出现一条白龙变化为白胡子老翁，常到兴福寺听高僧讲经。高僧问他从何处来，老翁答：“我不是人是龙”，再问：“可以看看你的本相吗?”老翁答：“可以，但你别害怕。”老翁果现一条张牙舞爪的白龙。高僧见状口诵咒语招来揭谛神，揭谛神化作一条黑龙与白龙相斗，白龙不能胜冲山而去，寺前山坡为之破裂故称“破山”，形成了一条山涧，称为“破山涧”，又称为“降龙古涧”，兴福寺因此也曾一度改称“破山寺”。

清代乾隆三十七年(1772年)建亭勒石，立碑在兴福寺内，至今仍完整无损。

兴福寺是一座比较典型的园林式寺院，庭院景点甚多，玲珑可人。兴福寺山门前有三株枫香树如金刚守卫，门前破龙涧大雨之后水势奔腾回音隆隆。涧边对着山门有两根高大的石经幢，一古一新。过涧可上石桥、入山门、天王殿。方形白莲池中有千叶重萼白莲芳色异常。池后有“救虎阁”，传说高僧彦称深夜在此坐禅闻阁下虎吼，见一虎中箭便上前拔箭裹伤放之，后来老虎来阁向僧致谢。救虎阁东面是“米碑亭”，内有宋代书法家米芾手书唐代诗人常建的名诗《破山寺》：“清晨人古寺，初日照（明）高林。曲径通幽处，禅房花木深。山光悦鸟性，潭影空人心。万籁此俱（都）寂，惟闻（但余）钟磬音。”一首脍炙人口的《破山寺》，诚然再现了兴福寺的幽静和禅意。

兴福寺的主要建筑有天王殿、大雄宝殿、法堂和禅堂等，还有崇教兴福寺塔、华严塔、观音楼、救虎阁、空心亭、四高僧墓、伴竹阁、饱绿轩等建筑。这些建筑全部修缮一新，富丽堂皇。寺内古木参天，林荫夹道，还有一棵高达十几丈的高朝桂树，树冠像顶大伞，金秋时节，桂花满枝，郁香醉人。

无锡鼋头渚·广福寺

广福寺位于太湖鼋头渚风景区内。

广福寺始建于清咸丰年间，前身为“武圣殿”，原址汲浜镇北。南朝萧梁时期，鼋头渚后山建“峭岩寺”，古寺高林，屡有废兴。

广福寺原先坐落于戊辰亭上坡，峭壁绝岩间有一条山路可以通达。山路旁有一泉眼被命名为“一勺泉”，它表达着“有源之水聚而为一勺，散而为三万六千顷”的含义。民国十年(1921 年)，了道大师驻锡于此专宏净土，取“广土众民同登福地洞天”之意，将峭岩寺更名为“广福寺”。1924 年，有一位军人量如来到已经衰破的峭岩寺削发为僧，乡绅地主杨翰西见状便将“一勺泉”上的十亩多山地捐赠给了量如和尚。量如和尚便将原来位置在后山的广福寺迁到这十亩多山地上扩建寺院。扩建之后的广福寺立于幽谷绿树丛中，颇具深山古寺之风。

1946 年，广福寺南迁中兴镇，其弟子叶承大师继承住持，教宗天台，行归净土。1980 年，广福寺重归市佛协，恢复宗教活动，重塑四大天王、弥勒佛和观音、地藏菩萨等，又从北京请来十八罗汉。中国佛教协会会长赵朴初先生为此书匾“大圆满觉”，江苏书法家协会主席尉天池先生书额“广福寺 ”。1985 年，寺庙虽被改为收花站而停止了佛事，但常定法师克绍师却结庐寺旁，不荒持诵。1989 年，中国佛教协会会长赵朴初视察崇明时借此胜缘，在广福讲寺开办了上海佛教学院二部，常定法师亲自持教，为各大丛林输送了一批优秀僧才。为使学院丛林化，1993 年香港吴剑青、山西岳兆礼等大护法慨施巨资，筹建大雄宝殿、教学大楼、生活大楼等配套设施，并于 1994 年秋建成。1998 年，广福寺新落成天王殿。

如今，广福寺前具有古朴的三拱圈山门，两旁立钟鼓楼，中有砖刻尉天池先生书“广福寺”三个大字。头幢天王殿塑有四大金刚、弥勒佛。中间天井，两厢供观音、地藏。大殿塑释迦牟尼、迦叶、阿难塑像为 1979 年由惠山泥人研究所重塑，颇具惠山泥人风格。殿上“大圆满觉”匾为赵朴初先生所书。寺后还有蔡缄三的“退庐”及僧房“华严精舍”“文物陈列室”“玉佛殿”和“三圣阁”，其中分别收藏有鸵鸟蛋、古画《百鸟图》以及明末抗清义士杨紫渊的铁鞭。

如今的广福寺坐落在“鼋渚春涛”和 “万浪卷雪”的交界处，倚山面湖坐北朝南，布局得体错落有致，环境幽静独观太湖。广福寺的东面就是竹林掩映的“小南海”，它是普善法师募建的一座观音大士道场，小南海内素面素馔名闻遐迩。广福寺还被太湖秀丽景色所葱围，站在广福寺高处，“充山隐秀”“鹿顶迎晖”“鼋渚春涛”“太湖仙岛”“中犊晨雾”和“万浪卷雪”众多景观一览无余。

扬州仁丰里·旌忠律寺

旌忠律寺位于扬州市旌忠巷东端北侧，东临仁丰里。

旌忠律寺始建于陈代宣帝太建年间(569—582 年)。当时，天台僧智顗大师来扬弘法兴建寺庙“寂照院”。隋朝炀帝大业年间(605—618 年)，智顗大师弟子智藻弘扬天台教义于寺中，隋炀帝亲临听讲以至于寂照院成为当时名刹。南宋孝宗隆兴年间(1163—1164 年)为祀忠武王岳飞改名为“功德院”，至南宋度宗咸淳年间(1265—274 年)，赐名“旌忠寺”。元代至治年间(1321—1323 年)，僧人千峰重建大殿。明景泰元年(1450 年)，僧人惠钦增修。至今寺额一直保存着旧题“文楼旌忠”四字。康熙十四年(1675 年)重建。此后屡有修建。光绪年间(1875—1908 年)，朗照、无量、镜如等僧人，先后置斋田，修山门，建厅事房、廊房、僧舍、厨房、浴室等设施。清代光绪三十年(1904 年)疏理沟道时，得宋人隶书“旌忠寺”石额易之，又于寺外立圈门额“古文选里”。

清初顺治八年(1651 年)旌忠寺造藏经楼五楹，中礼文昌帝君，下礼昭明太子。

旌忠寺藏经楼所在位置为梁昭明太子萧统文选楼。相传昭明太子萧统(501—531 年)在此编集《文选》30 卷，故其楼称“文选楼”。据《扬州揽胜录》载：“文选楼在小东门北旌忠寺内，相传为梁昭明太子萧统文选楼故址。太子选录秦汉三国以下诗文凡六十卷，名曰《文选》，楼以是名……炀帝游江都，常幸此楼。……民国初年，楼将圯，寺僧法权募资重建大楼五楹，备极壮丽。楼上中楹供太子塑像，首戴角巾，俨然儒者气象。楼前题‘梁昭明太子文选楼’额，楼下题‘六朝遗址’额。千余年文化古迹焕然一新，其功不可没也。”如今，藏经楼保存着清代乾隆版《龙藏》一部共七千余卷，按千字文顺序排列分装于 21 只樟木经柜内保存完好，为扬州珍藏的古文物之一。

解放初，旌忠寺只有僧人两名。1950 年万寿寺改作扬州师范学校后，将所藏《龙藏》经（即乾隆版《大藏经》）七千余卷，连同二十一只樟木经柜，一并移至文选楼。

自 1984 年起旌忠寺全面修建。修建后大雄宝殿重修升高，殿内佛像全部重塑。“大雄宝殿”四字为茗山法师亲笔。大殿中央供毗卢佛，两旁是帝释、梵王二天王旌忠寺寺门朝南，大殿为楠木梁架，十分珍贵。寺前一爿照壁，上书“佛光普照”四个金色大字。照壁前的石座上置一座三足铁鼎，鼎上铸“旌忠律寺”四字。现今藏经楼上下各五间，上层藏经下层作为施主佛事场所上悬一块蓝底金字“藏经楼”横匾。藏经楼前置一铁鼎和一长方形香炉，西南植一棵银杏树。原藏经楼 1994 年遭火焚毁，所藏珍贵经卷化为灰烬，楼前银杏树也受火伤。复建后再次从北京请来《龙藏》。

扬州江都天宁门·天宁寺

天宁寺位于扬州江都。

扬州天宁寺始建于东晋，相传为东晋谢安别墅。东晋安帝时期约 418 年尼泊尔高僧佛驮跋陀罗曾经在此翻译过《华严经》60 卷，至今尚存“华严阁”，寺名因而称之为“兴严寺”。唐代扬州天宁寺曾名噪一时，位居扬州八大名寺之首。宋徽宗时期，相传皇帝赵佶赐名山门牌匾“勅赐天宁禅祠”。明代，天宁寺堪称“淮南第一禅林”，香火胜于大明寺，深受朝廷器重，其高僧道彝法师曾奉史日本。

天宁寺于清代康熙、乾隆年间达到极盛，被乾隆皇帝誉为“江南诸寺之冠”，位居江南名刹之首。康熙帝先后赐天宁寺匾额四块、楹联两副，乾隆帝曾赐七块匾额和八副楹联。

天宁寺曾被扬州盐商们修建作为康乾二帝巡视江南的扬州行宫，另一个行宫设在高旻寺旁。因高旻寺中有“天中塔”，所以高旻寺行宫也被称之为“塔湾行宫”，该地被皇上赐名“茱萸湾”。据皇册记载，康熙、乾隆二为皇帝南巡至扬州，一般“由崇家湾抵扬，先驻天宁行宫，次驻高旻行宫；由瓜洲回銮，先驻高旻行宫，次驻天宁行宫”，即住塔湾行宫“以马便于船，且百姓得以近光”，策马至平山堂领略江南田野，乘船到天宁寺行宫观赏湖光山水。

又据清代乾隆四十九年(1784 年)《南巡记》碑文记载，当年曹雪芹的祖父、江南制造兼两淮巡盐御史曹寅，曾奉康熙之命专门在天宁寺创办以编校刊刻内府书籍为主的出版机构，刻印《全唐诗》和

《佩文韵府》，其缮写之精雕刻之美，一直被后代版本学家奉为圭臬，在中国版本学史上享有极高地位。乾隆帝继承了乃祖重文的遗风，亲自组织编写了中国最大的一部丛书《四库全书》及珍本全本《古今图书集成》，也曾藏于扬州天宁寺“文汇阁”。

古扬州城曾有七座城门，“天宁门”门内有“天宁街”，门外正对“天宁寺”。清代乾隆年间的天宁门内外相当热闹，早间花市，附近梅花岭、傍花村、小茅山、雷塘的花农清晨担花入城叫卖于市，“扬人无贵贱皆戴花”，更有清帘沽酒、茶肆品茗、游人如织，“游屐入城，山色湖光，带于眉宇。蒸鱼煮笋，尽饮纵谈，率在于是”。天宁寺的“山僧茶馆”更是吸引游人，曾在此生活过的郑板桥有对联曰“从来名士能评水，自古高僧爱斗茶”。

据《扬州画舫录》记载，清代乾隆年间天宁寺共有四进：一进天王殿供布袋罗汉，二进大殿置白石香炉高，与大殿齐供三座大佛，三进供阿弥陀佛。四进分上中下三层：一层住方丈，二层为僧房，最高层是万佛楼，共计 11100 尊佛，而且“殿上敬设经坛，殿前盖松棚为戏台”，诵经念佛与锣鼓喧天唱大戏两不误，真乃人间极乐世界。

清代康、乾祖孙两帝都曾作诗若干赞美天宁寺。其中，康熙皇帝在平“三藩”、定台湾、统一漠北与西藏之后，兴致所至作七绝一首，题为《天宁寺》：“小艇沿流画桨轻，鹿园钟磬有余清。门前一带邗沟水，脉脉常含万古情。”另有两首《幸天宁寺》：“空蒙为洗竹，风过惜残梅。鸟语当阶树，云行早动雷。晨钟接豹尾，僧舍踏芳埃。更觉清心赏，尘襟笑口开。”“十里清溪曲，丛篁入望深。暖催梅信早，水落草痕侵。俗有鱼为业，园饶笋作林。民风爱淳朴，不厌一登临。”

扬州蜀岗·大明寺

大明寺位于扬州市郊蜀岗。

大明寺始建于南朝宋孝武帝刘骏大明年间(457—464年),故称“大明寺”,又因其位于唐城之西亦称“西寺”。

隋朝仁寿元年(601年),皇帝杨坚为庆贺其生日,下诏于全国建塔30座以供养佛骨,该寺遂建“栖灵塔”,大明寺也因此又称“栖灵寺”。栖灵塔塔高九层宏伟壮观,高耸云天气势磅礴,被誉为“中国之尤峻特者”,唐代诗人李白、高适、刘长卿、蒋涣、陈润、刘禹锡、白居易均曾登临并留下千古绝唱。

唐会昌三年(843年),九层栖灵塔不幸遭大火焚毁。唐末曾称“秤平寺”。宋真宗景德元年(1004年),僧人可政募集资金建造了一座七级多宝塔,却又毁圮于南宋时期。自此,大明寺再也没有重建栖灵塔之举,只剩下“栖灵遗址”,寺名亦由栖灵寺复名大明寺。如今,沿着数百级舒缓石阶登上大明寺前广场,迎面有一座为纪念栖灵塔和栖灵寺而建的牌楼,它四柱三楹,下砌石础,仰如华盖,中门之上面,南有篆书“栖灵遗址”四字,为清光绪年间盐运使姚煜手书,字体雄美。

北宋庆历年间,欧阳修任扬州太守时建“平山堂”。平山堂位于大明寺西侧蜀冈上“仙人旧馆”内,由平山堂、谷林堂、欧阳祠三部分构成,由南至北依次排列,曾经一度被作为书院。清雍正年间,为迎接乾隆帝南巡,大明寺陆续修建了“西苑芳圃”亦称“御苑芳圃”。乾隆元年(1736),扬州巨富光禄寺少卿汪应庚购地数十亩扩建御苑芳圃并重建平山堂,增置洛春堂,书院之名始革。清代康熙皇帝曾经赐“平山堂”“贤守清风”“怡情”“澄旷”四匾,上赐“诗意岂因今古异,山光长在有无中”一联、“时和笔畅”四字,临《定武兰亭》卷、《梅花扇生秋诗》草书一卷,今皆石刻供奉山堂中。

明万历年间,扬州知府吴秀重建大明寺,晚明崇祯十二年(1639年)漕御史杨仁愿再次重修。位于大明寺西侧的平山堂,是在北宋庆历八年(1048年)由欧阳修建造的,他在这里饮酒、欣赏风景、作诗。由于这里看上去和南方江南的远山似乎是平行的,所以取名为平山堂。平山堂是大明寺境内最静寂的地方,带有文人建筑的风格。位于鉴真纪念堂西侧的欧阳修祠,是南方风味的古代建筑,堂内陈列着欧阳修的石刻画像。清康乾盛世,大明寺扩建为扬州八大名刹之首。清代乾隆三十年(1765年),乾隆皇帝巡游扬州,看到“大明”二字很不高兴,认为扬州人思念大明朝,故亲笔敕名为“法净寺”,于是改名“法净寺”。清代咸丰三年(1853年),寺庙又毁于太平军兵燹。此后,大明寺几经修建,规模渐大。现寺为清同治年间两准盐运使方浚颐建。

大明寺庭院东侧有座“平远楼”。此楼为清代雍正十年(1732年)光禄寺少卿汪应庚初建,楼名取自宋代画家郭熙《山水训》中“自近山而望远山,谓之平远。”咸丰年间楼毁于兵火,同治年间两淮盐运使方浚颐重建,增题“平远楼”额并撰联云“三级曩增高,两点金焦,助起杯中吟兴;双峰今耸秀,万株松栝,涌来槛外涛声。”

唐代鉴真大师东渡日本前曾住持大明寺传经讲律。鉴真和尚从唐天宝元年(742年)起先后十余年,历尽艰险至第六次东渡成功,将我国佛学、医学、语言文学、建筑、雕塑、书法、印刷等介绍到日本,为发展中日两国的文化交流作出了重要的贡献

1972年,日本佛教学者常盘大定在大明寺前树立“唐鉴真和尚遗址碑”,仿日本奈良唐招提寺模式,由建筑学家梁思成先生设计,建造了“鉴真纪念堂”,鉴真纪念堂包括碑亭、长廊和纪念堂三部分组成,总面积达七百平方米。碑亭内耸立着汉白玉须弥座横碑,正面刻有郭沫若所书“唐鉴真大和尚纪念碑”,背面为赵朴初撰书纪念鉴真圆寂1200周年碑文颂辞,院中安立有日本奈良唐招提寺森本孝顺长老所赠石灯笼,正堂仿鉴真在日本主持建造唐招提寺金堂,纪念堂正中供奉着仿日本奈良唐招提寺鉴真像的楠木雕刻干漆夹纻鉴真法师坐像,坐像前有一只日本天皇所赠铜香炉,纪念堂门厅对面原为晴空阁,现为鉴真生平事迹文物史料陈列室。

大明寺景区风光秀丽,秦少游曾赞曰“游人若论登临美,须作淮东第一观”。唐代雍正帝曾为大明寺题联“万松月共衣珠朗,五夜风随禅锡鸣”。乾隆皇帝也曾题联“淮海奇观别开清净地,江山静对远契妙明心清”。

宜兴阳山湖·潮音寺

潮音寺坐落在省宜兴市芳桥镇区岱华山下、阳山湖荡边。潮音寺始建于西晋时期。相传东吴大帝孙权之母、吴国太于汉献帝兴平二年(195 年)在阳羡(宜兴古时的县名)兴建有“二堂”(即如今宜兴福胜寺前身“三圣堂”)之一的“静山堂”,当时吴国太供奉的是鳌鱼观音。该年,年方 15 岁的孙权举孝廉任阳羡令,孙母吴国太也随任前往,并建静山堂用佛法去教化当时乃为荆蛮之地的阳羡古邑邑民。吴帝登基后即将静山堂改建为“潮音寺”。也有一种传说:西晋时期,潮音寺是拥有“阳羡第一人物”之称的大将军周处(晋建威将军、304 年被晋惠帝追封为周孝侯)为其母亲所建的宜兴第一所寺院,如今,潮音寺东面存有后人纪念忠孝著称的周处将军而建的江南第一亭“孝感亭”。

当时,每逢朝拜供香期,潮音寺中便香烟缭绕梵音如潮,前去进香的善男信女络绎不绝以至路堵河塞。当时,东吴孙权之母吴国太也每年前往烧香,为此吴国只得新凿一条专供吴国太前往潮音寺进香的河道,名曰“烧香港”,河名沿袭至今。自此,芳桥境内岱华山边寺庙以此为首陆续兴旺而盛极东南,佛教名山巡历中便有了“先有岱华山,后有太华山,再有九华山”之说。

芳桥古称云阳,据《云阳地方志》记载,素有“水浮殿”之称的潮音古寺建在阳山湖荡边三面环水的荷叶地上,寺院占地面积 10 多亩。潮音寺东有阳山和岱华山,南面为面积达 100 公顷的阳山湖荡，西面为曾为古龙沿河，扇面曾有千年古桥——龙眼桥横跨溪河之上，北面为阳山后湖荡与龙沿河相通。纵观整个潮音寺依山傍水得天地之灵气，聚日月之精华，蓄法界祥光氤氲。

对潮音寺佛教圣境，历代名人雅士也是题咏不绝。宋代灭亡后，南宋著名爱国词人蒋捷曾经隐居太湖竺山，其先祖云阳侯也曾经食邑芳桥。蒋捷在《潮音听潮》一诗中曾经赞叹潮音寺："山幽见寺古，花落知潮信。梵唱声声里，涛声拥法云。来谒一佛无，共参万籁静。月摇疏钟起，舟轻出湖深。"

明代许大就也写过《过阳山潮音寺》来这样描述潮音寺："暄寂春秋迴自分，常留龙象护慈云。绿杨风定看山影，白草烟清见水纹。犹认莺啼当古渡，俄惊月出散斜曛。归心常讲依然定，方丈疏钟几度闻。"清代萧挺也有《秋夜宿潮音寺》诗云："共坐涛声里，消淡兴转浓。疏光分细柳，寒影堕芙蓉。遥岭沉孤月，虚溪倒一峰。已知群动寂，僧梵又晨钟。"

清代潮音寺依然兴旺。原有前殿、大殿、堂楼和僧舍共 56 间，总建筑面积 2500 平方米。殿宇深广气势宏伟，殿内佛像庄严金碧辉煌。前殿中殿之间的天井安放一只高三米的大香炉，天井东西两侧偏殿供奉送子观音、十殿阎王。中殿"大雄宝殿"四个字为湘军领袖曾国藩之弟北巡抚曾国荃亲笔题写，字体圆润饱满遒劲有力。天井中间原先植有三株合抱婆娑树（桂花树）树冠荫及两侧厢楼。

潮音寺风光美丽，寺古、山青、水碧、天蓝、人杰。我国著名科学家芳桥后村人周培源早年曾来到潮音寺潜心苦读，并于 1919 年考入清华大学，从此步入科学殿堂而成为一代科学巨匠。

潮音寺曾经不幸毁于建国前战火，仅存残碑破舍，原址曾移作他用。2000 年，宜兴市恢复重建潮音寺。2003 年，民间机构集资 1.8 亿人民币，整体开发建设以潮音寺为中心的阳山湖荡风景区，潮音寺迎来了又一次兴旺。

镇江招隐山·招隐寺

招隐寺位于镇江市南郊招隐山腰。

招隐寺始建于南朝宋景平元年(432 年),原为南北朝名士大音乐家戴颙私宅。镇江南郊的招隐山原名兽窟山,因戴颙隐居于此故又称其为招隐山。戴公仙逝后,其女矢志不嫁舍宅为寺,遂名招隐寺。招隐寺原在山上,五代时移至现址。唐宋以来,寺庙几经兴废。太平天国时期毁于战火,清同治、光绪年间重建,抗战期间复遭日军毁坏。新中国成立后几经重建修缮,招隐寺得以恢复,如今寺内有大殿、读书台、增华阁、虎泉亭、珍珠泉等名胜。附近花木繁茂,尤以秋天红叶最为美丽。

招隐寺雄踞于招隐山一片葱茏之中,远隔尘嚣清幽离俗,历代文士名流流连忘返,留下了珍贵的古迹和名篇。从南朝到北宋,这里曾经隐居过三位名人:南朝时宋朝的大音乐家戴颙、南朝时梁朝的太子萧统、北宋大书画家米芾。

东晋南朝刘宋两代间,著名雕塑家音乐家戴颙(377—441 年)长期隐居招隐寺,漫游于招隐山,幽思异灵,创作了 18 部古琴曲谱,代表作《游弦》《广陵》《止息》广传民间,流芳至今,成为千古绝唱。因此,宋武帝刘裕屡加诏聘,戴颙却均拒诏不出。所以,招隐寺充分展示了古城镇江特有的隐士文化风采,成为中国隐士文化的圣殿。

梁武帝之子昭明太子名萧统,字德施小字维摩。昭明太子曾为广览博采诸子百家典籍而漫游江浙一带,20 岁时来到镇江招隐寺,见这里远离尘嚣幽雅清静是个读书的绝佳之地，便留下来建了一座“读书台”——即如今尚存的“昭明太子读书处”，移东宫藏书三万卷于招隐寺而潜心读书，身边只留下了八个太监随侍身旁。昭明太子礼贤下士，招集包括已入佛门为僧的《文心雕龙》作者刘韶和《诗品》作者锺嵘等天下英才名士，齐聚于通过天桥与“读书台”相连接的“增华阁”，商榷古今研究文津，历时多载编选成功我国第一部文学总集——《昭明文选》。

《昭明文选》选取上起周代下讫梁代如屈原、宋玉、司马相如、司马迁、曹操父子、陶渊明、谢灵运等129位著名人物文章，共分赋、诗、骚、七、诏等38类，昭明太子亲自撰写长序，使得南朝之“文学之盛，晋宋以来，未之有也。”《昭明文选》编成之后，身心交瘁的昭明太子不久双目失明。梁武帝得知儿子病重将他接回都城建康。萧统后来病逝于建康，年仅31岁，谥号“昭明”。

北宋大书画家米芾也称米南宫。他曾对石头下拜，故人取癫狂之意称其为“米癫”。他与他的儿子米友仁从襄阳来到镇江，被招隐山山水及招隐寺深深吸引，便在此整整生活了40年。有感于招隐山的幽静风光，父子俩创立了著名的中国书画“米氏云山流派”。

如今，招隐山进山道上有一座石牌坊，牌坊上额联。上额刻有“宋戴颙高隐处”，以示戴颙第一个隐居在此。下额刻有“招隐”，其出处为戴颙才华横溢致使宋武帝刘裕屡次招其出山做官，但戴颙拒诏不出，这“一招一隐”便有了“招隐”二字。内联刻有“读书人去留萧寺，招隐山空忆戴公”，其中“读书人”指南朝梁武帝长子昭明太子萧统，戴公指戴颙。外联刻有“烟雨鹤林开画本，春咏鹂唱忆高踪”，指的是米家父子在此开创了“米家山水”“米氏云山流派”，特别是米芾把招隐山烟雾比喻成烟雨，山与寺本身就是秀丽的山水画，无需宣纸点绘。

镇江北固山·甘露寺

甘露寺位于镇江北固山的后峰山巅，故而北固山有“寺冠山”之说。

甘露寺始建于东吴甘露元年(256年)，相传建寺时甘露适降北固山所以得名。甘露寺颓落较早，除宋代辛弃疾词《京口北固山怀古》、苏轼《甘露寺》有所印证外，只剩寺塔、多景楼等少许建筑记载着它的历史变迁。

据甘露寺遗址出土石刻中李德裕所写《重瘗禅众寺舍利题记》记载，甘露寺最早的一座七层铁塔位于天王殿东北，为唐宝历元年(825年)卫公李德裕所建，所以又称卫公塔。北宋元丰元年(1078年)该塔迁建于今址，后又屡毁屡建。十九世纪末又因大风疾雷，宋代重铸为铁塔倾倒四层。现存青石塔基，上刻海潮称须弥海，上砌一层砖台，台上置八角形铁须弥座并铸有水纹，八面各铸一力士塑像及双凤双龙戏珠。须弥座通高一点七米多，每面阔近一点三米。第一层塔身高一点二五米，直径二米多。塔身为八面四门，每面均刻有佛与飞天像，比例匀称，姿态生动，线条有力。清末光绪年间，铁塔倾倒四层。直至1959年维修时将此复原，现存四层宋代塔身。

1960年，维修中发现塔基三尺半深处建有地宫，共出土文物二千五百多件。地宫内放置有一长方形石函，大石函中有小石函数只，石函中盛有佛舍利七百多颗，其数量之多前所未有。其中，一只石函中以金棺银椁瘗埋、后被学者证实的11颗释迦牟尼佛祖舍利最为珍贵，其金棺银淳工艺精美，亦为唐代金银品中的珍品。

甘露寺曾为三国时期蜀刘备在东吴设立的招亲处。《三国演义》第五十四回“吴国太佛寺看新郎，刘皇叔洞房续佳偶”中，其“佛寺”指的就是甘露寺。故事说东汉建安十四年(209年)火烧赤壁后，刘备不愿将荆州归还东吴。周瑜和孙权遂定下“美人计”，企图以联姻孙权之妹孙尚香将刘备骗至京口，然后扣留刘备逼还荆州。后来经诸葛亮神机妙算，安排刘备迎娶了如花似玉的孙尚香并且顺利返回荆州，世人称之为“赔了夫人又折兵”。

甘露寺的“多景楼”建在甘露寺背后，位于北固山后峰顶上，是一座画梁飞檐楼阁，古时被称为“北固楼”，亦称“春秋楼”“相婿楼”和“梳妆楼”。多景楼与洞庭湖畔“岳阳楼”、武汉“黄鹤楼”齐名，为古代“万里长江三大名楼”之一，也因米芾题书“天下江山第一楼”匾额而闻名。

多景楼创建于唐代，楼名取自唐朝宰相李德裕《临江亭》“多景悬窗牖”诗句。两层建筑的多景楼回廊四通面面皆景，登楼极目远眺，山光水色奇景多姿，凌空飞翔之感油然而生。远望长江一泻千里，青翠焦山缥缈于波澜之中。近处金山鲜明清丽，对岸扬州文峰塔隐约可见，可谓“百年戎马三分国，千古江山一倚楼”。

南通如皋玉带河·定慧禅寺

定慧禅寺位于苏北如皋古城东南角。

定慧禅寺始建于隋朝。据唐代道宣和尚所撰写的《续高僧传》记载，隋开皇十一年（591 年）十一月，隋炀帝杨广在扬州金城殿设千僧会，佛教天台宗开宗祖师智顗大师应邀赴扬州授菩萨戒，他途经如皋诛茅建寺，取名“定慧寺”，同时建七级宝塔一座。宋代时兵火洗劫，定慧寺已经颓败。

定慧寺原本山门南向。明嘉靖年间倭寇侵扰如皋。为保护城里老百姓生命财产安全，如皋于 1554 年修筑了城墙，并将定慧寺包入城内。于是，定慧寺北有古城河（玉带河），南有护城濠河，西有宋朝龙图阁学士王觌园的玉莲池，东有寺院开浚的放生池，形成了一个特有的“水环寺”地势。明万历年间重修定慧寺时，为方便起见将山门改为北向，原山门处改建了藏经楼。

现存的定慧寺主体建筑系明朝万历年间重建。当时，素芳和尚带着性乾、性德两个徒弟来到只剩断壁残垣定慧寺住下。性乾法师决心修复定慧寺。为了筹款，他先后采用油灯烤脚踝、用铁索盘胸等方式向民众示以虔诚和决心，于明代万历三十年（1602 年）终于筹得足款，开始动工重修寺院。大殿落成后，性乾法师又立誓一定取得海外檀香木来雕刻佛像。于是他偏袒身体南游诸地，终于在郁林洲（今广西玉林市）从海归商船上获得一棵一丈六尺长的檀香巨木并就地雕成毗卢遮那大佛像。万历四十三年（1615 年），佛像被运抵如皋大殿内。与此同时,寺中湛明上人募建了“钟鼓楼”,云石上人募建了“藏经楼”,德林上人到嘉禾(今浙江嘉兴市)购买了藏经收藏。定慧寺空前兴旺。

到了清朝,定慧寺大殿、钟鼓楼、藏经楼多次动工整修,直至“文革”前定慧寺古建筑一直保护完好,基本保持了明清原来风貌。经过大规模修复的定慧禅寺,水磨青砖砌成背阴而立的山门,门额横楹楷书“定慧禅寺”四个凸型金字。山门正对金刚殿,中间端坐一尊笑容可掬的大肚弥勒佛,两旁对联则耐人寻味,上写着“开口便笑笑古笑今凡事付之一笑,大肚能容容天容地于人无所不容”。

在金刚殿东西两侧,还新塑成四大天王像,面貌与姿态各异:增长天王手执利剑怒眼环睁,持国天王手抱琵琶昂然上视,多闻天王手捧雨伞面貌狰狞,广目天王手擒龙兽肌肉崩突。奇特的是,他们却剑无鞘、琴无弦、伞无骨、龙无鳞,令人遐想。

如今,定慧禅寺占地总面积约为十六亩。平面布局略呈回字形,外为楼堂内为殿宇,山门朝北实为罕见。由山门向南沿中轴线依次设有二门,大雄宝殿、藏经楼均坐南面北。整个寺院形成“水环寺”、“楼抱殿”建筑布局,在国内寺院中别具一格。

淮安运河·慈云禅寺

慈云禅寺位于京杭大运河与里运河之间的淮安，列“两淮八大丛林”之首，以“国师道场”著称。

慈云禅寺始建于明代万历四十三年(1615 年)，原名“慈云庵”。清代顺治十五年(1656 年)，清世祖福临诏当时武康名僧玉琳进京，对之“慰劳优渥”并送居万善殿，不时前往“临访道要”，称“恨相见之晚，特赐号大觉禅师”，后又晋封“大觉普济能仁国师”，名闻一时。康熙十四年(1675 年)，垂暮之年的玉琳国师屏侍独行，只身云游，行脚至清江浦(即如皋)，因中暑而入慈云庵挂单。数日后自知终期，于初十日索浴趺坐，于八月十日说偈趺坐而逝，以自己的肉身来兴隆此一方道场，为佛法作了最后一次布施。

玉琳国师圆寂后，寺人察自其遗物方知为国师，急报官府转奏朝廷。清代康熙十四年(1675 年)八月，被清敕封为“大觉普济能仁国师”的玉琳通琇禅师，清圣祖康熙皇帝即颁诏并派大臣主持荼毗厚葬，并拨款重修慈云庵。国师遗骨则由其嗣裔归葬浙江并立塔于西天目山。

清代雍正十一年(1733 年)，世宗雍正皇帝访得玉琳国师后裔天晓实彻禅师在扬州高旻寺，便诏其入京召对。雍正十三年(1735 年)，皇帝“复以清江浦慈云庵为大觉国师圆寂之所”，下诏改慈云庵为“慈云禅寺”并亲书题赐“慈云禅寺”匾额，同时命天晓实彻禅师住持，同时拨淮关银，命时任内务大臣、淮关监督年希尧督建“大丛林”

规模格式的慈云禅寺。

乾隆四年(1739年),慈云禅寺新建大功告成。新建成的慈云禅寺占地二十五亩,坐落有五重殿宇、东西配殿。禅院内楼阁齐备、飞檐翘角、雕梁画栋。山门建有钟鼓二楼、东西牌楼,上书为朕亲临,文官下轿,武官下马。寺中遍植松柏花草,门前影壁高大、牌坊精美,顿成江淮首刹。清高宗乾隆皇帝颁赐《龙藏》供奉,赐置香光地三十八顷五十八亩于阜宁陈家浦。后又屡赐紫衣、伞盖、如意、藤杖。乾隆四十五年(1780年)和四十九年(1784年)两次南巡时,均入寺瞻礼,钦赐匾额《慧照常圆》,并留下诗文《慈云寺瞻礼》《慈云寺瞻礼迭庚子诗韵》等。

清代咸丰十年,慈云寺部分殿堂毁于兵燹。同治元年(1862年),慈云禅寺住持僧静法师修矢志兴复,集资重建并经营二十余年而复厥旧观,当时已占地达1.6万平方米,宫殿盘郁、琼楼玉宇、飞檐流丹、佛塔高耸、精湛工艺。

1918年,慈云寺大雄宝殿毁于火。寺庙从此日渐颓败。仅存天王殿、藏经殿和国师殿及部分罗汉堂。目前,慈云禅寺已经得以新建。新修山门殿上镶嵌着全国佛教协会会长赵朴初老居士亲笔题写的“慈云禅寺”金字匾额。寺中诸法师、居士们为今后能够更好地弘扬正信佛法、庄严国土、利乐有情,在政府协助下已收回“慈云一条街”计20多亩,正筹划扩建寺院,以恢复慈云寺金碧辉煌的原貌。

盐城建湖九龙口·净土罗汉院

净土罗汉院位于盐城市建湖县九龙口镇收成村。

净土罗汉院始建于唐朝德宗建中四年(783 年)。鼎盛时期,罗汉院曾经是盐阜地区“九寺十八院”之一,其规模宏大至占地 20 亩,其房屋建筑宏伟为一进三堂、东西厢房、后有六合堂,房屋达五十余间。1942 年罗汉院不幸毁于战火。“文革”期间罗汉院复遭浩劫,佛像斋寮幸存无几,仅存几间陋屋。

罗汉院是为苏北一带专修净土道场。罗汉院中高僧大德辈出,当代著名高僧茗山法师就曾在此出家,毕生弘扬人间净土而被世人誉为“南印光、北宏台”。因此罗汉堂享有“苏北净土第一寺”及“苏北净土宗”之美誉。

茗山法师俗姓钱,名延龄。1914 年出生于盐城大寺巷(今光明巷)。其父钱宝森为清末秀才,母张善纯笃信佛教。茗山从 6 岁到 18 岁,边从父习古文诗词和书法,边随母在家念佛,常到附近寺院参加佛事听讲佛经,故悟性早启。19 岁那年,茗山在罗汉院披剃出家。从此,踏上献身佛教事业的漫长旅程。

茗山的师父是宏台老和尚。宏台和尚德高望众与江南名僧印光齐名。茗山每天端坐大殿阅读《禅门日诵》,七天便将难度极大的《楞严咒》读熟成诵,一个月就将朝暮功课背熟,甚至连祖师的愿文和法语也都读熟背熟。罗汉院这一段时期的经历,对茗山法师产生了深刻影响。1934 年,宏台师父送 21 岁的茗山入焦山佛学院学习,

1936 年得太虚大师举荐入武昌世界佛学院高级研究院深造，后赴湖南弘法。1942 年，罗汉院遭到侵华日军炮火摧毁，宏台老和尚因保护寺院被日军击中一枪，生命最后时刻，宏台老和尚口中不停呼唤茗山，师徒感情尤其至深。抗日战争胜利后，茗山法师回到焦山任定慧寺住持，继而升任江苏省佛教协会会长、中国佛教协会副会长。他仍一直怀念他的恩师宏台老和尚，一直没有忘记他的母寺罗汉院。

改革开放后，茗山法师多次来到建湖考察，为建湖佛教事业发展倾注了心血。1996 年，建湖县人民政府为了弘扬千年古寺罗汉院佛教文化，对罗汉院进一步落实宗教政策，决定在建湖县城南郊盂兰河畔为其选址重建。茗山得知后竭力资助，并亲自兼任建湖县罗汉院修建委员会主任及罗汉院方丈，同时为罗汉院书写了山门及各个殿堂的字匾，又派其徒孙曙亮协助筹建并任罗汉院监院，负责寺院管理工作。

1999 年 11 月 20 日，茗山法师亲临建湖主持了罗汉院大殿落成仪式。如今，罗汉院的建设与发展已经被纳入建湖县城市建设规划，原先位于盂兰河畔的罗汉院也被移址重建于双湖公园内，为广大信众提供了一方念佛修心的净土。

盐城大丰王港·镇海禅寺

镇海禅寺位于盐城大丰市小海镇王港镇海村三组境内。镇海禅寺始建于清代乾隆时期。据《两淮盐法志》载，明朝嘉靖中期（约1525年），为防倭寇入侵，在大庆团（小海古地名）东十里王港口（古小海运盐河）建有烟墩以备举狼烟报警，起名为“万盈墩”。当时，入海渔民和附近灶丁也依赖烟墩避让大潮。一日，大潮袭来泛涨至烟墩，随潮飘来三具人称“公侯菩萨”木雕神像，潮水随即急退。对此民众视为神灵保佑，便筹资在万盈墩上建立一座“公侯庙”，并推举地方高僧高圃和尚主持庙务。自此，公侯庙香火不断，佛事演化。高圃圆寂后，定一、成章两和尚相继守业。

清乾隆四十九年（1784年），有东台三昧寺住持脱颖和尚退院回来住持，从此寺院重新改建，庙貌焕然一新。同年，深受海潮泛滥灾害的海滨黎民又将“公侯庙”更名为“镇海禅寺”。清代嘉庆元年（1796年），住持志仁和尚续建了左右厢房和客寮、祖社，清修道场，以致规模恢宏，俨然释家盛地，佛事倍加兴旺。晚清同治五年（1866年）秋，秋潮与河水同时泛滥，寺宇沉沦墙垣颓圮，佛殿倒塌几成荒土。当时，方来、学礼两和尚协助住持岫云和尚，于同治七年（1868年）毅然将庙宇修复，较前尤为增色。

民国三年（1914年），有小沙弥于佛前上晚香不慎，燃香侧在案帏上引起火灾，前殿遭焚金碧涂炭，寺观开始走向萧条。当时住持学诗和尚秉执诚恳深意，他不剃头发不剪指甲以表决心，栉风沐雨无分晓夜向小海全镇化缘。小海士绅袁益之怜悯和尚苦心而大力赞助，于是筹办材料召集工匠，三年经营工程告竣，众僧得以安居修行。然而，学诗和尚因此积劳成疾而圆寂。宣统三年(1911 年)其徒儿隆济法师历叙其事勒石立碑以资纪念。

祖籍万盈墩并在镇海寺出家的莲舟和尚，抗日战争中远赴香港并在香港建修了镇海寺。改革开放之后，他与家人取得联系后召其俗家侄孙来到香港，取名法亮拟传其衣钵。当他获悉家乡镇海禅寺寺庙毁于战乱后遂有重建之念，于 1989 年让法亮法师前来小海洽谈并达成协议，由莲舟和尚投资 20 万港元，小海镇人民政府提供 5 亩土地，于原址重建镇海禅寺，只是其规模远逊于昔。1989 年 9 月 30 日，镇海寺建筑工程全部竣工，安置佛像并举行落成仪式。

2001 年，在各级政府和社会各界大力支持下，法亮法师自筹资金征地 20 余亩，对原寺庙进行扩建，目前已投资九百多万，现建有大雄宝殿、山门殿、僧舍等。新建的镇海禅寺是一座古建筑群，四周有院墙环绕，两扇高大的山门上刻有两个斗大的“佛”字，山门上方有“镇海禅寺”匾额，跨过七级台阶进入院内，便是巍峨壮丽的大雄宝殿。

镇海禅寺的大雄宝殿不同一般。大雄宝殿的屋脊正中是一个镇恶去邪的巨大葫芦，另外还悬系着双狮戏球的吊挂。东西两侧是神态各异的八仙过海浮雕，屋脊东西两头各有一条吞云吐雾、跃跃欲飞的巨龙。大殿四檐翼然上也有威风凛凛的四龙分镇。大雄宝殿之内，正中是“万德尊严”的佛龛，内有端坐荷台的如来佛。

镇海禅寺门前东侧有一块黑色大理石碑，上面刻着“邹韬奋先生发表抗日救国演说纪念地”，为大丰县人民政府于 1990 年 3 月建立。原委是:1942 年 11 月，著名爱国民主人士邹韬奋先生在中共地下党掩护下，从沦陷的香港辗转来到孤岛上海，并根据周恩来建议进入苏北抗日根据地，途经台北县 (今大丰市)小海时，邹先生在小海镇海禅寺向各界人士发表了慷慨激昂的抗日救国演说，深刻地揭露国民党统治的大后方黑暗。因此，镇海禅寺还向人们诉说着一段光荣的革命历史。

南京汉府街·毗卢寺

毗卢寺位于南京市汉府街。

毗卢寺始建于明代嘉靖年间(1522—1566 年),因寺中供养毗卢遮那佛,初名“毗卢庵”。毗卢庵原为一小庵,清代咸丰年间毁于兵火,后量宏法师创建佛殿。清代同治年间,曾国荃游南岳衡山齐公岩,曾与江苏镇江人海峰法师有约“如我督两江,为您造庵”,海峰即立誓代他管理天下名山。清光绪十年(1884 年)曾国荃任两江总督,不忘履行自己诺言,招海峰法师至南京择地造寺,经与量宏法师商量,在原毗卢庵址建寺。湘军诸将随之呼应,捐巨资从南岳衡山运来香木,建起一座雄伟壮丽的大雄宝殿、万佛楼和藏经楼等,将原毗卢庵旧址周边扩大,东至清西河、西至大悲巷、北至太平桥、南至汉府街,供养毗卢遮那佛,遂改庵为“毗卢寺”。当时成为南京第一大寺,方丈为海峰法师,下设法系十方下院寺庙。海峰以后又有寄禅、芳田、显文、舣波、古昙、广明等方丈。

清代光绪中叶至宣统初年,印魁显文法师住持开展禅学研究。宣统元年(1909 年),谛闲大师来寺主讲天台宗教义。民国元年(1912 年),方丈瑞生法师传天台宗。同年,太虚大师在毗卢寺筹办中国佛教协进会并于镇江金山寺召开成立大会。民国八年(1919 年),瑞生法师举行圆通大戒,受戒弟子约 180 人。

中华民国建都南京之时。毗卢寺因坐落在民国政治文化中心长江路而一跃成为全国佛教的中心,中国佛教会、中华佛学研究会、中国宗教联谊会、首都中医院都曾设立于此，民国要人多相往来，孙中山先生也曾亲往静思。当时寺中有万佛楼一座，供奉镏金铜佛三千尊，造型各异，金碧辉煌，成为民国一景。

从1931年开始毗卢寺成为了中国佛教会会址，赵朴初先生长期在此工作。1947年毗卢寺召开全国佛教代表会议。“文革”期间，毗卢寺3000尊佛像全部散失，房屋殿堂被作为工厂之用。1988年时任全国政协副主席、中国佛教会会长的赵朴初居士故地重游，探访了年轻时长期居住和工作过的毗卢寺而感慨良多，立下恢复建设毗卢寺的心愿。十年之后，在当地政府支持下毗卢寺终得复建重续香烟，2004年我国最大的汉传佛教仿明清单体古建筑——万佛楼复建完工，雄风不减当年。

如今，香烟缭绕的毗卢寺中依然成长着曾国荃当年亲手种植的两株高大硕壮的银杏树。当年湘军捐建的大雄宝殿其南岳香木立柱依然散发着袭人的幽香，殿后两棵具有300年历史的黄杨古树下，两口古井井水依旧清冽甘甜。拾级而上是斗拱飞檐的“万佛楼”，楼外黄墙红窗与琉璃飞檐叠映成趣，楼内雕梁画栋珠灯藻井，令人目不暇接。陆续新塑的一万余尊形态各异的镏金铜佛，金光万道、与日争辉，善男信女争相供养。

南京秦淮河·大报恩寺

大报恩寺位于南京城南中华门外雨花路东侧秦淮河畔古长干里。

大报恩寺始建于三国时期。该寺原址有吴赤乌三年(240 年)所建的“长干寺”及阿育王塔。史称长干寺为“江南佛寺之始”,后经历代兴废,至北宋真宗天禧元年（1017 年),奉诏改长干寺为“天禧寺”。元代惠宗至元二十五年（1288 年),又奉诏改天禧寺为“元兴慈恩旌忠教寺”。明代洪武末年,工部侍郎黄立恭奏请重建,费金二万五千两。永乐六年（1408 年),寺塔不幸全部毁于大火。

明代永乐十年（1412 年）,明成祖朱棣敕工部在原址上重建寺院。传说为皇帝朱棣为纪念其惨死的生母碽妃而兴建,另一说是为纪念建文帝朱允炆而建,所以取名“大报恩寺”。当时,朱棣命郑和等人担任监工官,“依大内图武,造九级五色琉璃塔,曰第一塔,寺曰大报恩寺”。当时正值郑和率领下西洋船队多次远洋海外之时,因而郑和对大报恩寺工程难以全力照顾,工程进展缓慢。工程一直拖延。

明代宣德三年（1428 年）,宣宗朱瞻基皇帝特下御敕命已出洋回国任南京守备的郑和“即将未完处,用心提督”限期完工,终于两年后竣工。郑和将海外带回的“五谷树”等奇花异木种植于寺内。1412 年至 1431 年,大报恩寺兴建历经 19 年,投入巨资、规模庞大、施工极其考究,金碧辉煌的建筑群完全按照皇宫标准营建,大雄宝殿更如皇宫大殿一般，寺内有殿阁20多座，画廊118处，经房38间。历时19年，耗银250万两，征调工役十多万人。大报恩寺建设的工艺堪称国内历史上之最，比如先在地基上先钉入粗大木桩，然后纵火焚烧使之变成木炭，再用铁轮滚石碾压夯实，木炭上还加铺一层朱砂用以防潮杀虫。

据文献记载，明清鼎盛时期大报恩寺范围达“九里十三步”，曾与灵谷寺、天界寺并称为“金陵三大寺”，辖领城南一带次大刹二座、中刹十四座。

大报恩寺最为引人瞻望的是大琉璃塔。位于大殿背后的大报恩寺琉璃塔随建于上述工程。大琉璃塔九层八面，高达78米，登高极目可见数十里外长江泛舟。琉璃宝塔通体用琉璃烧制，塔身为白瓷贴面，拱门为琉璃门券，门框内饰有狮子、白象、飞羊等佛教题材五色琉璃砖片，刹顶镶嵌金银珠宝，角梁下悬挂152个风铃日夜作响，声闻数里。大琉璃塔自建成之日起，140盏塔灯长明不熄昼夜通明，每天燃耗香油64斤，照亮整个大殿金碧辉煌。

大报恩寺大琉璃塔曾经是“金陵四十八景”之一，既为当时金陵象征，也可与罗马斗兽场、亚历山大地下陵墓、比萨斜塔相媲美。明清时期，欧洲商人游客和传教士习惯上将它称为“南京瓷塔”，也称之为中古世界七大奇观之一。相传1856年太平天国内乱，由于担心石达开部队占据制高点向城内发炮，大报恩寺被北王韦昌辉下令炸毁，仅存一青铜色塔刹和8米高石碑。而又传建造该塔时曾一式烧制三份琉璃构件，一份用来建塔，两份埋入地下用于替换。1958年在眼香庙、芙蓉山、窟岗村一带出土的大批琉璃构件上就发现大多带有墨书字号标记，这些构件现分藏于中国国家博物馆、南京博物院和南京市博物馆。

2004年后南京市政府开始筹划复建事宜，2008年于大报恩寺原址发现一宋代石函，内藏鎏金七宝阿育王塔，另有五层铁函金棺银椁，其中珍藏佛顶真骨。据地宫石碑刻写的“金陵长干寺塔身藏舍利石函记”记载，函内藏有“佛顶真骨”“感应舍利十颗”“诸圣舍利”“金棺银椁”“七宝阿育王塔”。如今，佛顶真骨被安奉于栖霞寺法堂瞻礼供拜。

此外，据说当年梁武帝修寺，挖到地下九尺许也发现了石函，函内有铁壶以盛银坩，坩内有金镂罂，罂内放着三颗佛祖舍利如粟粒大圆正光洁，函内有琉璃碗，碗内还有四颗舍利以及四枚沉香色佛祖发爪。后来，梁武帝请回了一颗佛祖舍利放在宫廷内。最后，梁武帝在长干寺设无遮大会，建了两座寺庙，用金罂、玉罂重新盛放了舍利以及佛祖发爪，然后石函盛放，配以王侯妃子富室所舍的金银环钏等珍宝放入七宝塔地宫。

南京九华山·玄奘寺

玄奘寺位于南京钟山向西延脉的小九华山麓。

玄奘寺创建于东晋年间，原称“青园寺”，为恭思皇后褚氏所创皇家园林的一部分。据《寰宇记》记载，古南京城区小九华山又名覆舟山，周围三里，高三十丈，东接青溪，北临真武湖，状如覆舟，因以为名。后因山南山麓所建青园寺被称之为“小九华寺”，遂亦名小九华山，简称九华山。

东晋义熙十一年，皇帝刘裕出征长安得一栴檀释迦瑞像，乃请回青园寺供奉。刘宋景平元年间（423—453 年）东晋高僧竺道生被请入青园寺居住修行，曾与慧严共请佛陀什译出《五分律》，故深受宋文帝刘义隆器重。当时，王弘、范泰、颜延之士贤皆来青园寺向竺道生问道。竺道生大倡“一阐提成佛”之说却遭守旧之徒摈斥，当年夏天离寺而去苏州虎丘。不久，青园寺中佛殿大震，一龙升天光映西壁，遂改寺名号“龙光寺”。唐代懿宗咸通二年（861 年），皇帝敕赐“龙光院”额匾。

小九华山以其山顶三藏塔、玄奘取经铜像并埋葬玄奘大师顶骨舍利而著名，也因此后来取名“玄奘寺”。唐代高僧玄奘大师原葬于西安终南山紫阁寺塔，后来寺塔毁于战火。宋朝年间，建康天禧寺和尚可政法师前去紫阁寺寻得玄奘顶骨，带回建康（今南京）埋于城南天禧寺。1942 年日本人高森隆介在大报恩寺（即宋代天禧寺原址）附近修建神社时挖出了玄奘头骨，日军本想偷运回本国但消息走漏，迫于舆论压力只好将其分成数份，汪伪政府接受了其中一份并将其中一半派褚民谊葬在了九华山顶，汪伪政府文武职员每人捐助一块青砖修成三藏纪念塔。

三藏塔建于 1943 年，为五级方形楼阁式砖塔，仿造唐代长安兴教寺玄奘墓塔而建，各层辟四门，中间四方石碑上刻有“玄奘法师灵骨”六字。塔基正中有圆形青石，镌刻着《玄奘西行路线图》。塔基下方根据《玄奘负笈西行图》，塑造有高 4.5 米玄奘全身青铜塑像，高 4.5 米、重 3.5 吨，于公元 2001 年 4 月 29 日落成。

1949 年前九华山一片凋零，已是“楼台荒废难留客，林木飘零不禁樵”。1978 年在原有旧址上建造了九华山茶社，并新建了九华山庄。1981 年后，又相继恢复了甘露亭、阆风亭等景点和建筑。2003 年，南京市玄武区政府在小九华山重修寺庙，命名为“玄奘寺”，由传真法师任住持。

南京高淳游子山·真如禅寺

真如禅寺位于南京市高淳县东南的游子山。

真如禅寺的前身为初建于北宋时期的道教道场“玄帝庙”。玄帝又称玄武帝或真武大帝，是道教传说中负责荡魔护法的尊神。北宋大中祥符五年(1012 年)，为避赵宋王朝先祖赵玄朗名讳，玄帝庙被改称为“游子山真武庙”。明万历十八年(1590 年)，游子山真武庙被改为道教与佛教合用道场，并改名为“真如禅寺”。当时，正如禅寺已经占地达百余亩，拥有庙房三进二厢共三十间，殿堂内供奉有韦驮、地藏菩萨、观音菩萨、真武大帝、十大元帅、十八罗汉等神像，佛、道诸神共居一庙，各方朝供香火甚旺。明崇祯八年(1635 年)，德明法师为寺庙募置了一批祀田，真如禅寺庙产最为兴盛。

清代咸丰年间(1851—1861 年)，真如禅寺不幸被毁。光绪末年(1908 年)，住持觉朗法师全力募资重修大殿，不幸抗战中再次被毁。1946 年，住持悟真和尚多方奔走募化使得禅寺得以再次重建，但规模已远不及当年，至全国解放前后，真如禅寺仅存僧房六间，后又逐渐荒废。1997 年，高淳县政府批准在游子山真武庙旧址上重修佛教寺院，恢复原名为“真如禅寺”。

据《高淳县志》记载，游子山曾经四次易名。最早名称为“锦山”，后遭火烧便改叫“凉山”。接着又据传孔子也曾到此一游，故又改称“游子山”。乾隆皇帝下江南也曾到此，又改名为“游山”。鉴于儒家文化长期浸淫，人们习惯上称之为游子山。游子山的景色异常秀丽，漫山青松翠竹，两条苍龙般的山脉环抱一汪放生池，形如“双龙戏珠”。真如禅寺便在此双龙环抱之中。

如今，游子山真如禅寺已经成为了佛教四大名山之一——安徽九华山中“旃檀禅林”的下院，它的地藏殿中也供奉着九华山的大愿地藏王菩萨，它的玉佛殿内供奉着国内罕见的三尊缅甸玉佛。玉佛殿右边是规模宏大的三层“居士林念佛堂”，对面是华东高 21 米、重达 300 多吨的第一露天大佛“阿弥陀佛”雕像，它由 135 件花岗石构件组合而成。

真如禅寺的大雄宝殿供有四面千手千眼观世音，两边是观世音三十二应身，八十四化身像，后面为六祖圣像。大殿门前是双重九龙玉壁，大殿四周一色汉白玉栏杆。殿下广场中间矗立一尊高七层的铜铸宝鼎，进门放着一只特大的长方形铜铸香炉，香炉两旁各有一个带顶烛台，同时可燃上万支蜡烛。

如今，游子山真如禅寺已成为了南京附近颇负盛名的佛教圣地和受人欢迎的旅游胜景。

南京浦口六合山·定山寺

定山寺位于南京浦口六合山。

定山寺始建于南北朝萧梁初期(503 年)。据《江浦埤乘》记载:“山有六峰,曰寒山、曰狮子、曰石人、曰双鸡、曰芙蓉、曰妙高。六峰环合,互相拱抱,故名(六合)。”当年,南朝崇佛的梁武帝选择六合山下一地,为一位云游四海,见识广博,“戒行精严,锡周南北”的高僧法定修建了定山寺作为禅宗道场。后来,禅宗祖师达摩“一苇渡江”后曾经驻锡于此。由此定山寺成为了禅宗发祥地之一。

传说中,印度高僧达摩禅师经过三年海上漂泊,终于在 526 年到达广东。梁武帝派使者将其迎至金陵(今南京)对话,由此留下有名的禅宗公案。达摩禅师见梁武帝不能领悟禅意便深夜不辞而别,梁武帝闻讯骑上骡子星夜追赶,奔至江边幕府山时山壁突然闭合夹住了骡子,梁武帝叩头求天,山崖才稍开让梁武帝勉强通过。后人把这条小道两侧山峰称为“夹骡峰”

梁武帝赶到江边时天已大亮,达摩禅师见有人追赶,便折苇渡江而去,留下了“一苇渡江”传奇。据清代地方志《江浦埤乘》记载,达摩禅师渡江之后在定山寺住了三年。后来,达摩禅师去了河南少林寺,创立佛教禅宗。如今,定山狮子峰下达摩岩、达摩晏坐石等遗迹,“达摩岩”崖石下“面壁处”留有达摩“宴坐石”,石上达摩的跌痕、掌痕清晰可辨。《江浦埤乘》有这样的记载:“达摩岩石如斧劈,欲坠不坠,容人侧足而入,竹树葱青,为一山之胜。”

目前，定山寺还留有两处重要遗迹，一处是寺后山坡竹林里的“一苇渡江图”石碑，上面所刻达摩络腮圆眼、拱手立于渡江芦苇之上。据介绍，石碑为当年80岁的临济宗32世主持洁云法师所立，为国内最早的达摩造像碑，比嵩山少林寺的祖师碑要早120多年。

另一处为山脚下的“卓锡泉”，泉水离地4米左右，有石阶可下。传说达摩思念故乡泉水，以锡杖卓地以至泉水汩汩而出，因此得名。据《江浦埤乘》记载，“泉出(定山)寺内观奇阁下，上覆以板，暗流入阁前石池。池上嵌横石，有‘卓锡泉’三字。池内游鱼潜泳，冬则藏阁下穴中。泉从石池右出，灌溉近田无旱岁”。明代冯浩有《卓锡泉》诗曰：“天竺东西意未知，世传卓锡此山陲。九年面壁缘空幻，一苇横江也自奇。梵宇至今留法像，清泉自古说波斯。乘闲有约来登眺，莫遣钟声一皱眉。”

定山寺为十方丛林，冬参夏学农禅并重，已建成禅堂、讲堂、闭关中心等。千余年来，定山及定山寺一直为大江南北的名山古刹。直至民国时期，还有印度及日本的僧侣慕名来此焚香拜佛。

定山寺位于定山狮子峰下，四周山绕，南辟如门，与雉堞楼橹掩映相望，苍松夹道岫岭参差，一幅天然图画。寺中屋三层、古银杏三棵，古桧树三课，都有数百年历史。定山寺卓锡泉在其下游与珍珠泉水汇合，经花桥入玉带河，流量趋大，水质仍佳，当地人饮泉为习。明代河边建有水碓、水磨十余处，用以舂米，所谓“碓无人，水自舂”，今仍留有水碓村、五磨村等地名。

梁代文学家沈约在《早发定山》一诗中写道：“夙龄慕远壑，晚莅见奇山。标峰彩虹外，置岭白云间。倾壁忽斜竖，绝顶复孤园。归水流漫漫，出浦水溅溅。野棠开未落，山樱发欲然。老归属兰杜，怀缘寄芳荃。春言采三秀，徘徊望九仙。”清《江浦埤乘》还载有邑人庄昶写作《游定山》、吴岱观写作《登定山》等诗篇，记述了定山的自然风光。清代浦口人郑代绅在其《游定山寺》诗中描述了定山寺周围的优美景色和乐而意返的心境：“深山古刹树参天，绿满虚檐覆屋前；共坐林荫闲对酒，还烧松火待煮泉。西来胜迹存崖石，老去名臣剩墓田；此地得同知己乐，赏心不欲整归鞭。”

目前，定山寺千年古刹正在重建，寺北狮子山岩石上将雕琢一尊长53.1米、为世界之最的玉石卧佛。1982年定山寺遗址中还发现定山寺住持圆寂荷花缸与墓塔残件，其上镌有“传临济正宗第三十三世定山寺真明公禅师塔”。

南京中华门·天界寺

天界寺位于中华门外雨花西路能仁里。

天界寺始建于元代。据《龙翔集庆寺碑》记载，元代文宗天历元年(1328)，孛儿只斤图帖睦耳在大都(今北京)即登皇位，遣使传旨当时驻留金陵(今南京)的御史台大夫阿思兰、海牙等人，将自己当年在南京做藩王时位于朝天宫东侧的宅邸“潜宫”作为基地，在上面修建“大龙翔集庆寺”。第二年(1329)，大龙翔集庆寺礼请杭州中天竺寺笑隐大欣禅师前来开山，授其为大中大夫主管寺务，并尊为第一世祖师。

又据《佛祖历代通载》卷三十八、《元史·本纪》第三十三、《古今图书集成·职方典》第六六一、《金陵梵刹志》卷十六、卷三十九记载，元代明宗天历三年(1330)，朝廷敕召赵世延以金泥书写《无量寿经》千部及《佛经》一藏。元代惠宗顺帝至正十七年(1357)，敕改寺名为“大天界寺”。至正二十七年(1367)朝廷颁赐“天界第一禅林”额匾。明代洪武十五年(1382)改名为“善世院”。寺内曾经设置有僧录司管理僧人。日本留学僧原要法师曾经来善世院留学。

明代洪武二十一年(1388)，善世院遭遇火焚诸堂悉毁，太祖皇帝朱元璋下令在金陵城南凤山移址重建，并赐名为“天界善世寺”。永乐二十一年(1423)，天界善世寺又遭火灾几乎焚烧殆尽，仅留存大雄宝殿一座。永乐二十三年(1425)再度兴建，改称寺名为“天界善世禅院”，也有传说为“善世法门”。明代天顺二年(1458)，僧人觉义法师募捐重建天王殿、观音殿、轮藏殿等。工程尚未完成，觉义法师不幸去世，其弟继承其遗愿继续募捐修复。明代崇祯年间，博山叙禅师来到天界寺开法，觉浪道盛禅师继其后尘，从此宗风再度大振。清代世祖顺治十七年(1660)，天界寺一度重修，其中大殿迄今犹存。

明代，天界寺与灵谷寺、报恩寺齐名号称为南京三大佛寺。当时，金陵大部分佛寺以天界寺为主寺，构成了金陵最为庞大壮观、方圆数百亩的佛教寺院体系。据上述史书记载，其地位及规模“统次大刹二，城内曰鸡鸣，郭内曰静海”，统中刹12座，其中包括清凉寺、永庆寺、瓦官寺、鹫峰寺、承恩寺、普缘寺、吉祥寺、金陵寺、嘉善寺、普惠寺、弘济寺、接待寺等12座寺庙及26庵，成为城南一带的主寺。天界寺周围还有很多规模较小的寺庙陪衬。天界寺的山门左右两侧分别为能仁寺、碧峰寺。天界寺原有的金刚殿、天王殿、正佛殿、左观音殿、右轮藏殿、左伽蓝殿、右祖师殿、钟楼、毗卢阁，一度成为金陵四百八十寺的建筑范本。

太平天国定都天京(今南京)之后，南京古城中华门雨花台一带成了清军与太平军对抗的主战场，天界寺等城南诸寺均遭兵燹。后来，太平天国运动被镇压，天界寺却已经瓦砾遍地杂草丛生，仅存一座黄色墙壁、龙头瓦当的大殿及一方悬挂于大殿上方的“天界寺”匾额。如今，天界寺内部建筑格局有幸依旧保存了下来。向里观察，存有红漆圆柱、木梁结构殿顶，大部分窗门也都保留着红漆屏风式样，顶梁上两条飞龙回首相望。院内古树参天，不远处小池塘内依旧躺着一座当时所建的古老单孔石拱桥。

天界寺曾以“六大景观”闻名四方，“西庵曲径”“苍翠乔松”“半峰烟雨”“双桂返照”“南庵碧玉”“古拙品梅”一度为世人向往。天界寺不仅是当时最为璀璨的佛教圣地，而且是中国传统史学文化的策源地之一。清代乾隆时期朝廷所勘定《二十四史》之一的《元史》，就是在天界寺内诞生的。

第四章　丛林幽庭

苏州西园·戒幢律寺

戒幢律寺坐落于苏州城西阊门外西园，又称西园寺。

戒幢律寺创建于元代至元年间（1264—1294年），始名“归元寺”。明代世宗嘉靖年间（1522—1566年），太仆寺卿徐泰在扩建自家东园（即今留园）时，把已经衰落的归元寺改建为宅园并取名西园。徐泰去世后，其子徐溶将西园恢复为归元寺，明代崇祯八年（1635年），徐溶等延请誉满吴越、67岁的报国禅寺茂林律师前来住持寺院并更名“戒幢律寺”。茂林律师又于西园建塔，至今塔院犹存。经数代祖师弘扬，戒幢律寺以律为宗以戒为本，高树戒律之法幢，成为了江南著名律宗道场。

清代咸丰十年（1860年）戒幢律寺毁于兵火。光绪初年（1875年），由广慧和尚筹资修复并改名为西园戒幢寺，简称“西园寺”。光绪二十二年（l896年），浙江按察使盛康与苏州地方士绅共同商议全面修复西园戒幢律寺，延请当时紫竹林方丈荣通和尚及其徒弟广慧法师前来住持。广慧法师从43岁到73岁在位住持30年，先后修建了大雄宝殿、觐音殿、罗汉堂、天王殿、放生池等，完成全部塑像并基本形成全寺建筑规模。至民国十五年（1926年），西园戒幢律寺再度成为了吴门首刹。

到1949年，西园寺年久失修已经破烂不堪。1980年寺庙得以修复一新，此后与寒山寺、灵岩寺并称为“苏州三大寺”。

戒幢律寺的律宗传系承接南京古林寺中兴律宗法脉。当年，慧云馨公古心律祖于南京古林寺中兴南山律宗，传法于门下十二位法嗣弟子，分灯大江南北各汉地寺院弘传戒律。其中不少弟子只将戒律传至其他宗派门下，只有古心律祖第五法嗣寂光律师所开山宝华山隆昌寺和第七法嗣茂林律师所开山的苏州西园戒幢律寺为律门寺院。所以，西园戒幢律寺为古祖门下一脉正传的一处南山律宗祖庭、南方著名的律宗道场之一。

现存殿宇多为清末民初所建，它们构成了这座苏州市内规模最大的寺院。寺内大殿西侧的五百罗汉堂，规模宏大，三进四十八间，以四大名山塑座为中心，沿四壁排列泥塑全身五百罗汉像，大逾常人，神态各异，栩栩如生，有极高的艺术性与民族性水准，其中疯僧济公的塑像堪称典范。罗汉堂第一进供有观音化身八十四尊大悲咒像和四面千手观音像。藏经楼中藏有完整的《龙藏》四部，后送给香港宝莲寺一部；还有元僧善继用指血书的《华严经》一部，各种单行本佛经本册。

西园戒幢律东靠以古典园林闻名的留园，南临阊门运河，西邻幽寂的寒山古寺，北倚美丽的虎丘风景区，寺内古木幽深梵宇重重，绿茵曲水鸟语花香，露台宝鼎香烟矗立，既为吴地闹市中的一处清净伽蓝圣地，又是一处典型的苏州园林式庙宇。

张家港凤凰山·永庆寺

永庆寺位于张家港凤凰山南面。

永庆寺始建于南北朝时期梁大同二年(536 年)。据《永庆寺志》记载,当时的梁朝侍御史陆孝本德行高尚,服侍其母亲十分孝顺,为满足母亲诵经念佛愿望,便在家中专辟后院作为功德院,让老母亲在此焚香敬佛修身养性。其母亲去世之后,陆孝本便把功德院捐献出来改建为寺庙,成为凤凰山一带佛教信徒敬神拜佛的场所。当时的寺庙因为初建而无大名。据清代戴元美《代钱宗伯受之重修永庆寺疏》所描述,这所功德院直到唐代才被正式定名为“大福寺”,至北宋真宗大中祥福元年(1008 年)被更名为“永庆寺”。

然而,又据《志书》记载,南朝梁武帝大同二年(536 年),侍御史陆孝本只是捐舍自家住宅将东吴赤乌年间(238—250 年)遗存的一座寺墟扩建成“永庆寺”,当时可见面积已达 86 亩,寺内已经拥有了吴道子绘制的唐塑罗汉。后来又拥有了唐代著名塑像家杨惠之亲自彩塑的菩萨造像、千年古桧树、肉身菩萨和天然石井等“三绝”,因此名震江南,并被朝廷列为江南七十二大寺之一,属于唐代规格和地位都为较高的佛教圣地,并且一直统辖着沿江数十个寺庙。

永庆寺令后人追记难忘的还有它那特别的钟声。据《河阳永庆寺志》记载,永庆寺大钟建造于梁大同三年(537 年),筑有钟楼一座,钟声能远播十里之外。“引杵宜缓,扬声欲长”,抑扬顿挫,煞是动听。唐代李湛赞誉为“钟声清上方”,明代钱朝鼎赞誉为“古寺晨钟喜再过”，清代钱陆灿赞誉为“空山宫殿古洪钟”，古时永庆寺“河阳十景”中一直以“晓寺钟声”殊景而被歌颂。所以，张家港凤凰镇、港口镇、西张镇、乘航镇一带居民，至今依然保持着每逢岁末元旦赶往永庆寺守岁听钟声的习俗。

因此，由上述《志书》与《河阳永庆寺志》所记载内容来看，永庆寺应当在陆孝本扩建时已具有了相当规模，它的创建时间便应当早于南北朝。

唐代以后，永庆寺的声望依然影响佛教界。唐代玄宗天宝十二年（754 年），扬州高僧鉴真和尚最后一次东渡日本，曾经应永庆寺住持常达和尚邀请，与日本学问僧一同参礼此寺，然后再从黄泗浦登船东渡日本。

永庆寺除了佛教地位较高，其自然风光天然独占，引来历代文贤雅士骚人墨客至此游览，遂留下诗词篇章数百。其中，知名人士众多，如元代李堪、温革、杨维桢、施耐庵、陈基、张著，明代徐恪、蒋胤、肖奎、徐崇诚、松林道人、缪昌期、贡修令、季是则，清代钱陆灿、钱朝丁、徐肇达、王丁、袁澄、赵在公等。尤其元末大文学家施耐庵曾隐居于该寺文昌阁内写作《水浒传》，如今依然留有洗砚池、磨剑石、衣冠等遗迹。

历经千余年，永庆寺毁毁修修。明清时期，永庆寺已发展到十个大殿，即天皇殿，大雄宝殿，东岳殿（供奉地藏王与十殿阎王），祖师殿（兼尊道教），文昌阁，关帝殿，土地阁，藏经殿，罗汉堂，观音堂及金仙塔院（内有五座砖砌石塔）。自古以来，永庆寺集自然景色和佛门圣地于一身而闻名中外。

1958 年，永庆寺遭到严重毁坏。1993 年，当地政府批准永庆寺开始了全新的规划重建。如今已经完成了大雄宝殿、玉佛殿、山门、伽蓝殿、钟楼、放生池、宿舍楼、停车场、绿化景点、旅游区配套区等建筑，寺内绿叶成荫花卉绽放，环境优雅宁静宜人，寺院中央“金光灿灿坐四方”的四尊佛像和“观音自在济天下”的巨型石雕引人入胜，带给这座千年古寺崭新的气象面貌。

无锡梅园·开元寺

开原寺位于无锡市梅园浒山与朴山之间。

开元寺传始建于唐朝，但已不可确考。1930 年由鼋头渚广福寺的量如和尚主持重建，地基二十余亩系荣德生先生捐资征购。1933 年正式落成，殿堂齐全进深四造，一时信众云集香火旺盛。1936 年，荣德生先生又捐资十余万元。1947 年，量如和尚在寺中创办无锡汉藏佛学院。1983 年开始恢复重建修建，寺院建成天王殿、大雄宝殿、毗庐殿、玉佛楼、藏经楼、念佛堂、钟楼、鼓楼、观音殿、地藏殿、僧舍、放生池等。1991 年重阳节时玉佛楼落成，至此三宝俱全，开元寺成为一处庄严妙境的佛门胜所。

开元寺具有两大特点，一是对外佛教交流，二是开办武僧团。两者相得益彰，促成开元寺一番新气象。

开原寺天王殿中所供奉的弥勒佛，为一座为重 5 吨、高 25 米、径 164 米的镀金铜像，由泰国泰中友好协会赠送并于 1985 年 10 月请入寺中供奉。寺中“平丰”钟楼及所悬梵钟，分别由日本明石市日中友协会长谷弘之助及磨山月照寺问濑法师捐赠，其中，梵钟高 24 米、直径 13 米、重 366 吨，钟身有铸有赵朴初及月照硕叟题写的颂词。玉佛楼内所供奉的卧玉佛，长 12 英尺、重 64 吨，系美籍华人寿治法师缅甸订购赠送给并于 1989 年 9 月迎入寺中，开原寺配以《功德芳名》碑、《玉佛楼缘起》碑、《金刚经》碑等碑刻 20 块。

开原寺武僧团成立于 2007 年，肇起于能超法师的武学因缘和佛学理念。能超法师自幼就修习武学，曾经留学日本奈良，出家后嗣法于金山第四十八世镜观心澄禅师座下，乃临济宗第四十九世传人。超能法师参访少林后深悟“禅武合一”的学修法门，驻锡开原寺之后，更是践行以武修禅，以武弘法的佛学理念。2007年，他集合一批慧根深且因缘足的僧人成立了南方第一个武僧团。

武僧团成立后，每日苦习武学，同时勤修禅法，共彰禅武合一的法门精要，成为开原寺一大特色。开原武僧团除习武修学之外，还积极利益众生服务于地方文化建设。武僧团经常义务举办少年禅武演习班，不仅丰富了青少年课余生活，还在青少年中积极培扶禅武精神，弘扬中华传统道德文化。为了更好地展示当代僧人的精神风貌，通过禅武精神来弘扬佛法，开原武僧团每逢重大节日庆典都会推出最新研修成果。广大市民或信众踊跃观看开原寺武僧表演，已成为人们参访开原寺的一道繁荣文化景观。不仅如此，开原寺武僧团充分利用现代媒体传播力量，走上电视台向广大市民观众展示传统禅武文化魅力。经过多年时间的创新实践，开原寺武僧团已经形成“正知正信、武学精湛、禅功精进”的团队品格，在能超法师的法师的带领下，开创了开元寺禅武文化一派的崭新宗风。

扬州古运河·文峰寺

文峰寺位于扬州城南古运河畔。

文峰寺始建于明万历十年(1582 年),文峰寺的兴衰一般见诸于文峰塔的历史。文峰塔为高达 44 米的七层八面砖木结构楼阁式宝塔,青砖青瓦塔身,砖石须弥座及回廊围绕底层,二至七层半悬挑廊,八角攒尖屋顶塔顶为。远处眺望,文峰塔玲珑又雄伟,为中国古塔建造高超技艺之典范,是扬州市所有寺院中唯一的一座古塔。钱谦益曾赞叹:“危楼切太空,尘埃俯冥蒙。”朝阳升起,文峰塔影就会倒映于古运河水面,恰似笔蘸砚池,犹如清代诗人李豫“九峰砚池塔作笔”、郝壁“拔地浮屠蘸水涯”等诗句所现。

据《康熙扬州府志》记载,“文峰寺,在城二里,官河南岸。明万历十年知府虞德晔建浮屠于此,住持僧真玉因建寺以文峰名,王世贞为之记。”据《嘉庆重修扬州府志》卷二十八《寺观篇》记载,“文峰寺,官河南岸,明万历十年(1582 年)知府虞德晔建七级浮屠,并建寺。兵部侍郎王世贞为之记,则曰:僧镇存托钵维扬三年而塔成。大中丞邵公榜曰:文峰塔。”可见,明万历十年由知府虞德晔出资并通过镇存法师托钵募化方式筹资建塔,另一方面住持真玉和尚建寺,文峰塔与文峰寺同时修建完成,而且寺因塔起,文峰塔的名声更高一些。

因此,明代万历年间兵部侍郎王世贞特意撰写了《文峰塔记》。据《文峰塔记》记载,镇存法师“为僧少林寺从师披剃,命名曰镇存,托钵维扬,至南关之外福田庵结夏,有感于阿育王事,发稀有想,拟创宝塔”。当时,扬州按察御使邵公“闻而嘉之,给帖化募。”镇存法师文武双全，文则“儒生所不及也”，武则“超出流辈远甚”。为建宝塔他沿途展演武艺募化资财。扬州当时为江南商业文化中心，许多名商贾客见镇存法师“距跃曲踊技击剑舞之状……而骇焉，争出其资以佐木石砖甓之费，可三千金。不三载，而塔成。”塔建成后，御使邵公即题名“文峰塔”，乃“盖取于堪舆家言：为一方科甲助也”。“文峰塔”寓意“文风昌盛、文脉顺达”。

明代天启三年(1624 年)，扬州发生六级地震，震中即在扬州。据《明实录》记载：“扬州倒卸城垣三百八十余垛，城铺二十余处。”文峰塔却巍然耸立。清代康熙七年(1668 年)六月，山东郯城发生有记载以来最大地震，震级达 8.5 级而波及扬州，文峰塔受到影响，塔尖倾倒坠地。第二年，闵象南居士捐资修葺，得良材一株将塔尖增高一丈五尺，塔尖“大放毫光，万缕千丝，盘旋而上，如孤峰耸秀，矗入云霄，水陆之人皆仰瞻惊叹。”

清代咸丰三年(1853 年)，太平军三下扬州与清军激战。文峰塔木质结构全部毁损只剩砖构塔身。清代诗人范当世曾作《过扬州废塔》诗：“世界华严日，其如蹇陋何?”阮思霖也作《寒塔》诗：“吾乡更有伤怀处，旧寺销沉劫火红。”

民国初年，青权、宗仰、峰屏、寂山等法师发起重修文峰塔而奔走募化，终于民国九年(1920 年)文峰塔合尖，民国十二年(1923 年)宝塔落成，计用银币三万二千八百余元。现今文峰塔北门东壁上，嵌有扬州文化名人陈含光民国十四年(1925 年)撰书的《新文峰塔记》石刻，详细记载着重修发起人、捐助人姓名及收支项目等内容。

如今，文峰寺内还保存着现已不复存在的扬州古万寿寺古迹遗物。1999 年原万寿寺天王殿、藏经楼、戒台等古迹被政府委托撤卸移迁至文峰寺修复并实行异地保护。万寿寺始建于唐代。明代景泰七年(1456 年)重建，清代嘉庆二年(1797 年)，性括法师募化改创丛林并更名为“万寿寺”。因寺内存有唐代大中年间(847—859 年)《尊胜陀罗尼经》石幢故又名“戒幢寺”。清代咸丰三年(1853 年)，万寿寺毁于兵火，光绪二十九年(公元 1903 年)，寂山和尚入京迎请《大藏经》一部计 7000 余卷，却于 1992 年遇火全部被毁。1949 年，扬州师范学校迁入万寿寺。

文峰塔下为文峰寺寺门朝西，面临运河。运河进入扬州后有“三湾”以蓄水势，人称“三湾抵一坝”。文峰塔就建在三湾，自然成为了扬州的显著标志，塔上的灯龛也起到了航标作用于是明清之际人们一度称三湾为“宝塔湾”。现今文峰寺的门前尚立有碑石，上书“古运河”三字足以反映当年三湾必经文峰寺的历史盛况。唐代高僧鉴真和尚第二、四、六次东渡也都由此解缆入江。清代康熙、乾隆皇帝数次南巡也从这里经过，清代李斗《扬州名胜录》卷二记载道：“自塔湾河道至馆驿前，南岸有洋子桥、文峰塔……南巡多由塔湾船桥渡至北岸御道。”古老的运河，为文峰寺增添了文化的内涵和历史的厚重。

宜兴铜官山·南岳禅寺

南岳禅寺位于宜兴市郊西南七公里的铜官山山麓。

南岳禅寺始建于齐代永明二年（484 年），取名“南岳禅寺”。南岳本名“南涧”，三国时期末帝吴孙皓封其为国山，称此山为“南岳”。唐天宝年间，有一位稠锡禅师曾经在南岳修筑佛庵。

宋代宰相周必大曾经写有一首《南岳寺》诗中，描述了一个关于稠锡禅师的传奇故事。这首诗写道：“门前叠嶂锁烟霞，涧底流泉泛落花；藏却三衣辞宝社，寄生两子在农家。听经日到斑斑虎，献茗时来白白蛇；是圣是凡都莫测，世人休谤亦休夸。”一天五更时分，稠锡禅师梦中听到孩子哭声，醒来后萌发了还俗念头。天亮后，他便把禅杖、袈裟、衣钵等法物藏在寺前一棵古银杏树洞中，便还俗回家娶了一位农家女为妻，男耕女织生活美满，还养了两个儿子。三年后的一天，一位老翁来到稠锡所在田间并对他说：“你的姻缘已满，明天仍去出家吧。”说完飘然而去。第二天，稠锡对妻子说：“我们的姻缘已满，我今天仍去出家去了。”他妻子答道：“已有仙翁托梦我已知道，你去修成正果吧。”于是稠锡回到佛庵并取出禅杖、袈裟、衣钵。小和尚们见到稠锡又来出家便关上庙门不许进入，却见两只猛虎乖巧地伏在稠锡法师身边。小和尚认为稠锡禅师有佛祖保佑便迎请他入寺并且请为当家和尚。稠锡禅师为表虔诚之心便来到寺侧的一个池塘边，用刀剖开自己的肚皮掏出肠子在池中洗涤干净。后人为了纪念稠锡禅师，便将这个水池命名为“洗肠池”。时至今日，洗肠池的清泉依然源源不绝，仍为南岳禅寺的一处胜迹。

南岳禅寺前还有一个“稠锡泉”，又称“珍珠泉”。稠锡泉围四尺深丈许，清冽如镜大旱不竭。相传，有一年因久旱不雨泉断涧枯，寺内几百名和尚的饮用水随即失去了源泉，僧众的生计面临危机。当时的住持和尚稠锡禅师也十分着急一筹莫展，只得拿起禅杖在山涧戳寻，很想找到一个泉眼。不久之后他的禅杖戳到一处，突然涌出一股越流越大的清泉，而这根禅杖却再也拔不出来了，于是在驻杖之处形成了一个水池。这根禅杖也在水池边的石壁上生根成树枝叶茂盛，围十数抱绿荫蔽日，，根盘石壁怒突天矫。后来人们便称这棵树为“卓锡树”，这个水池也被称之为“卓锡泉”，泉上后建有“卓锡亭”。如今，卓锡亭因山高矗，似敧似缺若挃若雪，衬托周围山泉相得益彰。

宋代，这座小小的佛庵被改名为“胜果禅院”。南宋理宗绍定年间(1228 年)，重建了寺院的“大法堂”。明代洪武二十四年(1391 年)，胜果禅院被更名为“南岳寺”，后来被称之为“南岳禅寺”至今。

南岳寺一直拥有“南岳揽胜”一景。“南岳览胜”一景由古时“荆溪(宜兴旧称)十景”中“铜峰叠翠”与“阳羡茶泉”两景组成。景观之中尤以“洗肠池”最富传说。在南岳禅寺的左竹林外，还有一泓山泉长年从石壁下注汇泉成池，池壁高丈许、池围五六丈。

南岳禅寺被许多名胜古迹周围。寺院不远处有晋朝周处大将军射虎的“流环桥”、“射虎墩”，唐代宰相陆希声的足迹与诗文。当年宋代抗金名将岳飞曾与金兵大战一百余合，战场就在南岳禅寺的山麓坡下，如今也留存有这座古战场遗址“百合场”，其附近还保存着宋代名将狄青墓址的华表。

宜兴龙池山·澄光禅寺

澄光禅寺位于距宜兴市区35公里外茗岭龙池村的龙池山风景区。

澄光禅寺始建于南宋度宗咸淳二年(1266年),当时寺名为“禹门禅院”。澄光禅寺隐寺于深林,曲折不多,兴废不常,但毁于上世纪日本侵华战争。如今,临济宗第三十一代传人唯敏法师率众僧重新修复,澄光禅寺得以再现辉煌。

澄光禅寺由上中下三院构成。上院坐落于山上,称为“玉阳台凭虚阁”。中院即如今澄光禅寺正院坐落在龙池之畔,原为明代永乐年间邑令丁懋建出资修葺。澄光禅寺的下院有常州天宁寺、无锡灵山祥福禅寺、宜兴南岳寺等数十座寺庙。清代康熙皇帝南巡游经龙池山,御笔亲书“澄光禅寺”,后制匾额蓝底金字,与山门照壁墙上“面南看北门”五个大字相对呼应。清乾隆皇帝下江南时也住过澄光寺。澄光禅寺鼎盛之时,时称江浙八大丛林之一,常住僧人就达千余单。相传唐宰相陆希声、大德禅师鉴真和尚当年都到过澄光禅寺幽居了很长时间。可见,当年澄光禅寺规模宏大,影响深远,在江南佛教界享有崇高地位。

澄光禅寺为禅宗临济宗中兴法脉源头之一。自宋入明以来,禅门高僧时常栖居于龙池山澄光禅寺以绍佛隆种、续佛慧命。其中,幻有禅师承继禅宗一脉尤为殊胜。

幻有禅师为江苏溧阳人,本姓吕。十九岁那年幻有禅师从宜兴善权寺乐庵法师剃度出家，继而赴北京宝禅寺参祖临济第二十八世园通禅师数年，园通禅师书写“从上源流”四字付之，幻有禅师礼辞南归时，园通禅师又送一笠“无露圭角”四字付示法印。

回到宜兴，幻有禅师应两京太常少卿凝庵之延请，入主龙池山澄光禅寺，嗣继临济第二十九世，继开禹门堂上禅宗中兴第一代。当时，幻有禅师门下有园悟、园修、园信、园莲等嗣继四人，各悟深浅，道风歧异，误导学子枯坐。幻有禅师积极倡扬参禅学道“在作务里办”，力排时弊、力戒业林呆靡之风。明代万历四十二年(1612 年)二月十二日幻有禅师圆寂，被害人尊称为幻祖。时隔两年，幻祖身骨入塔，赐进士出身的周汝登撰塔名，王季鹤书写，今灵塔依然位于灵池古道进山左侧。幻祖生后由园悟、园秀将其语录、信札、文稿等汇编成《幻有禅师语录》问世。

密云禅师曾经在龙池山掩关三年参宝益力。明代万历三十年(1602 年)幻祖卓锡燕京，委托密云禅师任澄光禅寺监院。第二年秋密云禅师行经铜官山入“昭昭灵灵”之境而豁然大悟。又隔两年，密云禅师入燕京观拜幻祖，一年后南还。万历三十九年幻祖亦还归龙池亲传密云心印。幻祖圆寂之前几年就曾命密云禅师继承住持地位，密云禅师却“敛芒闭采三年，泯泯心丧，山顶高寒，焚香却坐”。万历四十五年四月，密云承接澄光禅寺住持，众僧请其开堂，同门其他嗣继三人颇有微词，但密云禅师一升座，众僧皆为叹服。后来，密云禅师又受请入主宁波天童寺为佛殿奠基，密云禅师当即开示“虚传空作殿，日映月为灯”之语，并作偈“太白山下天童寺，洪水漂流殿如洗，普告四众诸檀那，大家出手共扶起”。一时声名远播，宜兴老旧都尊其俗姓称其为“蒋天童”。

由此经历之后，幻祖其他嗣传弟子中，园莲禅师弘法湖州，园信禅师住法庐山，园修禅师则独辟蹊径，开法本邑一处“药师佛大道场”，并付心印于弟子玉琳和箬庵。清初太宗顺治年间，皇帝召请玉琳禅师进京于内宫说法，并赐封其为“大觉普济能仁国师”。箬庵弘法常州、扬州亦成绩斐然。从此，临济一宗自正傅幻有禅师于龙池山澄光禅寺开堂傅法，分嗣弟子遍布东南，宗风大振。

淮安涟水古城西·能仁寺

能仁寺位于淮安市涟水古县城西门，南濒碧波荡漾的古黄河，东依风光旖旎的涟漪湖，西临通贯南北的宁连高速公路，被誉为“涟水八大景点”之一。

能仁寺始建于唐初，原名“文殊院”，后改为“承天寺”。北宋年间，因寺内高僧为婴儿时的仁宗赵祯治病而更名为“能仁寺”。

北宋真宗祥符三年（1010 年）五月朔，皇子赵祯出生，降生后日夜啼哭，京城御医手足无措，宋真宗便广诏天下能止啼者。涟水承天寺内有一位人称“娄道者”或“卧佛”的人娄守坚法师应诏赴京，治好皇子的夜啼症，真宗大喜即赐号娄道法师为“证因大师”，并有偈曰：“慧目朗然，烛天之秘。保朕皇储，以克永世。号称证应，恩光尔被。”娄道者生性奇特，有上天所赋“颖悟之才”，据妙通塔地宫出土的《敕赐承天院造塔记》记载，他“一奉两朝（太宗、真宗），圣恩宣诏证因大师入内供养”。宋真宗乾兴元年（1022 年），高僧娄道者圆寂。

宋仁宗天圣元年（1023 年），赵祯即位。在当年赵祯诞日时，太后对其谈及“止啼事”，仁宗便宣召娄道者方知其已圆寂，仁宗感其恩，便差人在承天寺内建塔，藏道者舍利并赐塔名为“妙通塔”，改“承天寺”为“能仁教寺”，简称“能仁寺”，加赠娄道者谥号“蹈宝华如来”。宋英宗治平四年（1067 年），还举行了在砖塔内“安葬证因大师舍利”的隆重典礼。此后，妙通塔香火繁盛，在涟城也形成“端午节爬宝塔”的习俗，成为涟水独具特色的民间节庆项目。

能仁寺妙通塔历经41年才建成，基础直径22米，塔高60多米，七层八面皆砖石砌成，结构奇特精巧无寸木支柱，造型高大典雅，如赞曰"中柱涟城半壁天，晓昏青锁万家烟"。又如《安东县志》记载"顶上望黄河(废黄河)如线，间放光明，照耀数十里，远近男妇皆见之，真法林之胜迹也。"

能仁寺和妙通塔与一般的寺和塔不同：一是能仁寺和妙通塔都是由皇帝御赐名字和匾额，二是妙通宝塔的建筑结构工艺非常奇特。一般的宝塔不能登上顶端，而妙通塔却能曲折回转，登峰造极，可谓"独树一帜，千秋一塔"。

妙通古塔建成后，能仁寺亦扩建整修一新，当时有大雄宝殿、卧佛殿、韦驮殿、藏经楼、观音阁等，气象雄阔美轮美奂。由于妙通塔为皇家敕建，藏有高僧舍利，于是能仁寺成为了苏北一方著名丛林，从宋到清，高僧云集群贤毕至，香火鼎盛梵音余袅。明清时期，嵩乳道密、南庵大依等著名禅宗大师都曾在这里进行过佛事活动。苏东坡、米南宫及历代漕抚、知府等纷纷来此，文人墨客留下的诗词歌赋亦不胜枚举。其中，明朝诗人王启运在《七律・能仁宝塔》中赞云："中拄涟城半壁天，晓昏青锁万家烟。西归卧佛何时醒，百丈浮图斗气连。"

可惜，1948年7月7日妙通塔毁于战火，仅存古塔照片及塔基。塔被炸之后，涟水人一直打算复建妙通塔。直至1999年6月在当地政府的组织规划下，妙通塔终于得以复建，经过四年努力工程竣工。原全国政协副主席、中国佛教协协会长赵朴初居士为复建后的妙通塔题写了塔名。新建的妙通塔修建在原址上，七层八面，塔身50米高，塔顶18.88米，合计68.88米。其中，塔刹高14米，地上七层，地下一层为地宫，总建筑面积1719平方米。新建宝塔高大修长端庄秀丽，通身透射出现代气息。它内部结构独具匠心，不仅式样新颖而且融入现代科技，塔心装上电梯可以直达一至五层。当年，涟水人在复建妙通塔时挖掘其地宫，发现了佛牙、舍利、金棺、银椁等15件佛教圣物，曾经轰动一时。

随着妙通塔的建设，能仁寺也得以整修并扩建，占地面积达到48.8亩，总建筑面积9645平方米，大雄宝殿、天王殿、文殊殿、地藏殿、观音殿、普贤殿、祖师殿、伽蓝殿、钟鼓楼、藏经楼、方丈楼等13座建筑物金碧辉煌气象雄阔，寺院内梵音余袅香客如云。群贤毕至，晨钟暮鼓，佛号声声，充满浓郁的佛教气息，使沉寂了50年的千年古刹，重新焕发出生机。

泰州娄庄·净土寺

净土寺位于在姜堰市娄庄镇树人西路绿化区烟墨公园西南侧，为一片气势恢弘的仿古建筑群。

净土寺始建于清代乾隆初年(1736年)。当时，有苏州富商王开杰举家渡江北上前来泰州创业。王开杰很有头脑，深知“要得富、先修路”的道理。于是他独资建造了东阳村大桥和青墩大石桥，将白米至沙岗一线交通连贯相同，大大便利了当地的盐粮商人和百姓出行，因此博得“大善人”“活菩萨”称号，自己的生意深受地方绅士支持、越做越大。

当时，王开杰年过三十，有一妻一妾却膝下无子。有一次，王开杰回苏州向当时的曹洞宗祖师之一义青禅师告知心中烦恼，义青禅师便开示王开杰道应当在姜堰的东阳庄修建一座寺庙，这样菩萨会保佑。回到东阳庄，王开杰随即出巨资修建寺庙。他选择在东阳庄大桥南面、临街西侧购地十余亩，建起了山门殿、大雄宝殿以及十几间厢房。清乾隆九年(1744年)，寺庙终于落成。

净土寺原址在姜堰市娄庄镇东阳村。王开杰率领家人及当地僧侣数十人乘大船去苏州恭请义青禅师前来担任方丈。时值盛夏，老和尚来到姜堰，见百姓夹道欢迎，心中十分感动，进庙后便挥笔写下“水乡泽园多净土，蛙声蝉鸣尽禅机”的条幅，并将此庙定名为“净土寺”。后来，王开杰果真喜得四男三女。当地百姓都觉得净土寺的菩萨灵，上庙进香的人便日益增多起来。王开杰子孙满堂，逐渐成形成了娄庄镇赫赫有名的王氏家族，其儿孙们在东阳庄河西建起了庄院，也逐渐形成了后来的小楼庄。

净土寺地处海安、姜堰、东台三县交界处，水陆交通都十分便利，于是一年四季香客不断，香火甚旺之时，方圆三里都能听到净土寺传出的晨钟暮鼓及僧人吟诵经文之声。净土寺香火延续了近二百年，其间高僧辈出并成就了不少名刹方丈，据史料记载，净土寺历史上曾出现永禅、临江、顿开等诸多高僧。临江法师后来在句容宝华山隆昌寺担任过维那等职，顿开法师在厦门大学潜心学习佛学理论，造诣较深。原常熟市佛教协会会长、常熟兴福寺住持悉明大和尚也是净土寺弟子。抗日战争期间，为避战祸，净土寺僧人纷纷外出，寺院从此衰落。

新中国成立后，最后一代住持悉明和尚去了镇江竹林寺，庙中只留下洞明、爱明（人称黑、白二和尚）两位僧人看家护院。“文革”期间寺庙又遭到严重破坏，佛像、典籍被付之一炬。1980 年代，东阳村将庙宇全部拆除，改建成村办厂、大队部。至此，古净土寺荡然无存。

然而，1980 年代中叶，当地有一位名叫严靠山的居士，在古净土寺遗址上自费修建了一座小庙，摆设香案供奉佛像。香客陆续增多。1997 年，娄庄镇人民政府决定移植重建净土寺并请悉明和尚主持重建工程。移址后的净土寺位于娄庄镇西侧，与镇文化中心、人民广场、烟墨公园毗邻。2000 年，悉明和尚圆寂，当地僧俗及各界人士便邀请上海玉佛寺泰州籍学贤法师前来净土寺担任住持。2001 年，学贤法师拜谒中国佛协第一副会长净慧长老，并在河北省柏林禅院接受法卷，成为佛教临济宗第四十九代传人。2002 年 4 月，净土寺被公布为姜堰市文物保护单位。2003 年春，学贤法师举行了隆重的升座仪式。

新建的净土寺占地 25 亩，气象恢宏，清一色的仿古建筑群。寺院内古木参天，楼阁遍布，曲径回廊，小桥流水，碧波荡漾。香港经济界著名人士钟普洋先生捐资人民币百万余元，建成了大雄宝殿、后又建成了山门殿。大殿两侧还刻有钟普洋先生的手书楹联“法镜现慈云观秋月春花含将物妙缔，智灯悬宝座听晨钟暮鼓悟彻禅机”。大殿内众佛宝像庄严，神态各异，栩栩如生。一只重达三吨的吉祥钟悬于大殿东侧，试敲一下，声音恢宏，余音不绝，可传声数里之外。

日前，学贤法师在娄庄净土寺为三年前坐缸的日珠师太开缸，发现其稳稳端坐缸内，肉身未见腐朽溃烂、面目栩栩如生，成为江苏佛教寺院中极为罕见的一尊“肉身菩萨”。

如今的净土寺环境幽雅，奇花异草令人目不暇接，寺院南面广场假山迭起绿草如茵，寺院后方小桥流水碧波荡漾。每年三月，净土寺千株桃花竞放，使人仿佛置身世外桃源。

南京铁心桥·龙泉禅寺

龙泉禅寺位于南京市南郊铁心桥镇牛首山与韩府山之谷。龙泉禅寺始建于唐代。据《金陵梵刹志》记载:“北去聚宝门三十五里,旧名龙泉寺,唐鹤林素禅师说法处。”龙泉寺为大唐鹤林素禅师演法圣地。鹤林素禅师为延陵(今常州)人,唐代宗大历年间(766—779年),曾于韩府山与将军山合谷间择址讲经说法弘扬大道,遂创“龙泉寺”。唐代以后,龙泉寺一带成为了古战场,导致佛香一度断绝殿宇凄凉。南宋建炎四年(1130年),金兵南侵,著名抗金英雄岳飞率军在韩府山、牛首山一带修筑军事工事阻击,留下“岳飞大战牛首山”的历史壮举。如今,龙泉禅寺还留着岳飞手下大将王佐断臂疗伤之处——“断臂崖”。

明代初年,有一位镜中圆祥禅师在龙泉禅寺旧址重建了寺院,取名为“通善寺”,共占地六十七亩。建寺过程被详细记载于明代大学士杨溥正统九年(1444年)所撰《通善寺碑碑文》中:“南京城都西南二十里,旧有佛刹龙泉禅寺,据山水之胜,左有磐陀石,右有鹤林塔,东有牛首山,西南瞰扬子江,东南有祖堂。江山环抱,密迩京都,金城玉垒,天日下临。山之巅有泉,清甘香洌,下注山麓,汇而为池,渟潆澄沏,天光云影,襄徊往来,足以豁大观、涤世虑而曹溪竹林不是过也。肇自唐,鹤林素禅师说法于此,有泉出石窦间,因号曰龙泉,建丛林以奉香火,暨今五百余年,鞠为草莽区。永乐(1403—1424年)中,镜中圆祥师募缘众信,自宣德癸丑(1433年)春兴工建正殿及天王殿，翼以廊庑，以至禅室，告成于正统癸亥(1443 年)秋。以其事上闻，赐额通善寺。”

清代，乾隆皇帝下江南曾经来寺朝拜并赞叹曰：“古佛道场，幽静之所在也。”清代中期寺院倾废。直至嘉靖辛酉年(1801 年)得以重修并恢复寺名龙泉寺。当时附近村人李仕云等人曾经捐赠土地为香火之费，至今留有石碑为证。清末宣统三年(1801 年)，寺院僧人如海禅师筹募资金，在龙泉寺西侧掏空断臂崖山体，修筑了一个石窟，并请石工马标在窟内雕刻观音大士的浮雕像一座，民国人士邹鲁为此撰写《龙泉杂诗》并立碑与观音像下。

进入二十世纪九十年代，为了恢复这座千年古刹风貌，当地政府牵头并由香港爱国人士李道帮出资 100 万元对龙泉禅寺进行重建。新建的龙泉禅寺占地达 8000 平方米，是原寺庙面积的两倍。寺庙全部按照唐代建筑风格设计建造，分大殿、地藏王殿、配室等，寺院周园小桥独立，流水潺潺，亭台楼榭生长其间，曲径通幽，古色水车日夜不停运转，蓝天白云现于潭底，更有神道肃穆，青铜兽尊林列道旁，步移景换，仿佛人在画中游。1996 年初，龙泉禅寺举行了隆重的开光仪式，成为新的旅游景点。

第五章　尼众道场

苏州城西北·文山寺

文山寺，位于姑苏城西北文丞相弄内，是苏州市唯一的一座尼众丛林。

文山寺始建于明代嘉靖年间（1522—1566 年），实际上是由原潮音庵、忠烈祠、云林庵三家寺庙合并而来。

潮音庵建于南宋，历史最为悠久。据清代杨象济《潮音庵增置屋宇记》记载，清嘉庆年间（1796—1821 年），坚持上人卓锡于潮音庵，募建大殿三年乃成。潮音庵当时为僧寺，礼拜《华严》，第三代住持是镜如法师。清代咸丰庚申年（1860 年），镜如法师避乱移至吴山“接引庵”多年。清代同治二年（1863 年）返回苏城，见潮音庵“惟存殿宇，龙象全毁”，于是百计筹款修复，先后整修了观音大士、韦驮、关帝等塑像使之“炳蔚如昔”，又在杨象济、谢家树、唐诏、陆锡康、蒋浩曾等名士的赞助下，广购基地增建堂屋，添塑诸佛圣像。同治年间，冯梦龙纂《苏州府志》时，潮音庵元气恢复已被录其中。

据传，南宋德祐元年（1275 年）十月，元兵南侵，宋恭宗急命兵部尚书文天祥改任浙西、江西制置史兼平江（苏州）知府，在苏州组织抗元事宜。文天祥在苏州即将家属安置在潮音庵内，并积极组织与指挥苏州军民，顶住了元兵进攻。40 天后，文天祥奉命移守临安（今杭州，时为南宋首都）。很快苏州就落入元军手中。后来，文天祥奉命出使与元军谈判，为元军扣押北上，途经镇江时文天祥趁机逃脱，南下路过苏州，见到苏州军民百感交集，写下了“楼台俯舟楫，城郭满干戈，故吏归心少，遗民出涕多。鸠居无鹊在，鱼网有鸿过，使遂睢队志，安危今若何！”的壮丽诗篇。后来文天祥再次被俘就义。

明代正德十年(1515年)，苏州百姓为纪念祭祀南宋一代忠臣名相文天祥，在潮音寺旁建“忠烈祠”。嘉靖年间(1522—1566年)，忠烈祠迁于旧学前，原处据文天祥号文山而改建为“文山寺”。不久潮音庵北面又建“云林庵”。当时，潮音庵“左邻文山寺，后与云林庵毗连”，一时蔚为大观。

民国五年(1916年)，潮音庵住持戒定法师圆寂，其徒心传法师接任。此时，文山寺、云林庵已日就衰落。鉴于潮音庵、文山寺等均为前代名刹未可湮灭，心传法师以1500元的代价兼并了寺后的云林庵和左邻文山寺的屋宇，并议定合并后扩大的寺庙为“文山潮音禅寺”，简称文山寺。此后，文山寺一直交付比丘居住，原云林庵的比丘尼被移居到附近前小园上的“法音庵”。1925年，文山潮音禅寺翻建一新，殿宇多达65间。

1958年，文山寺改为尼众丛林，并将苏城三十余座尼众庵堂合并于文山寺，文觉法师任文山寺尼众寺院第一任住持，安居修持的尼师达40余人。“文革”开始，寺院受到冲击。殿宇被占，尼师星散，佛像被毁，法器无存。

改革开放后，苏州尼众安身之所的文山寺开始重修，新建了韦驮殿、五观堂、尼众生活区，整修了大雄宝殿、藏经楼、云山无恙厅、西方三圣殿，佛像装金供奉，迎请玉佛一尊，新铸15米高铜佛塔，使文山寺面貌焕然一新。文山寺修复后，苏城内各处尼师亦渐云集，晨钟暮鼓，勤修不懈，续佛慧命，法轮常转。

南通如皋西南隅·福成庵

福成庵位于南通市如皋县城西北隅，原址在如皋县城西南隅。

福成庵始建于明嘉靖元年(1522 年)。当时，知县梁乔升重建“城隍庙”，奉明代纪信将军为如皋邑城隍，尊其墓为城隍坟。城隍坟的东南方为一块风水宝地，梁知县因民情所舆特于此处为比丘尼重建了“福成庵”，供奉西方三圣为一方百姓祈求全寿富贵。

嘉靖三十三年(1554 年)，如皋邑筑城防倭，福成庵原来所在的西南城脚便成为了僻壤之地。因此被移建于如皋城西北隅。据《南通市志》记载，福成庵一直是如皋的八大名胜之一，也是如皋唯一专弘专修净土的女众道场。明清鼎革之际，福成庵曾掩护过毗陵恽氏逃过清廷满门抄斩之劫。清顺治七年(1650 年)三月，邑入冒辟疆初度四十年华，常州画家恽向应邀前来如皋。此人恽向，是画家恽寿平的叔父、冒辟疆“复社”的社友，其兄弟恽日当初参加抗清活动时就避寓于福成庵依靠比丘尼得以庇护。1927 年，中共如皋县委在福成庵秘密诞生。民国年间，福成庵中宝华师太、徒弟德山，普度众生的同时积极掩护共产党人。这些历史使得福成庵也一直被作为红色遗址而名载相关史册。

2004 年，福成庵移建于闹中寓静的青云路，寺院背后是风景秀丽的护城河。寺院占地面积 7200 平方米，建筑面积二千五百多平方米，中院、东院、后院、西院“四院合一”，形成一个殿堂相拥、廊院互连的总体格局。初具规模的福成庵，黄色围墙玉色台阶、丹色山门绛色窗棂、雕廊画栋飞檐翘角，殿宇巍峨气象壮观。特别是东院钟楼中悬挂着被誉为“江海第一钟”的 4.17 吨“福国寿世”铜钟，后院有工艺之精堪称如皋之最、总面积达 35 平方米的“童子拜观音”大型汉白玉浮雕，沿护城河建有宛若天龙飞降临池护院的百米长廊，长廊墙壁上镶嵌有黑色大理石雕刻的福成庵故事，放生池的壁墙上镶着如皋籍十大高僧石刻画像，这些美不胜收的景观构成了环福成庵沿河风光带，为福成庵建筑群锦上添花。

在未来规划中，福成庵西院还要兴建鼓楼、千佛堂、念佛堂、往生堂、延生堂、茶楼、书画院、素斋轩等建筑。

福成庵住持彻悟法师系如皋人氏，毕业于普陀山佛学院。她本着纯正知见劝世化俗，大力倡导净土法门，通过自身修行带领尼众持斋念佛，住持如皋佛七法会如法如律，在居士和信众中威信甚高。因此，福成庵道风纯正道场明净，且持戒修佛人皆可证，以至于每逢菩萨圣诞、朔望之日或周末及各升学考试期间，来庵敬香礼佛者络绎不绝，在南通地区颇具影响。

扬州瘦西湖·法海寺

法海寺位于扬州瘦西湖公园内。始建于隋，重建于元代。清代康熙四十四年(1705年)，康熙帝第五次南巡于扬州，赐名“莲性寺”。晚清咸丰年间毁于兵火，光绪年间重建。

法海寺建筑在瘦西湖南岸一处高岗上，四面环湖，南侧有石拱桥，桥下遍植荷花，花开清香四溢，环境十分幽静。法海寺引人注目的是白塔。白塔在寺院之北，高耸入云。

法海寺白塔建于清代乾隆四十九年(1784年)，系在旧塔基上重建而成。塔形如锥，金瓶之下有宝盖，四周有璎珞围绕，塔铃高悬，清风徐来泠然有声。宝盖之下为佛家“十三天”。塔身中空，南向壶门内，原供有白衣大士像。塔身之下为须弥座。座的四面砌有壁龛，每龛各塑俗家十二生属一个肖像，须弥座之下为五十三级台阶，俗称“五十三坡”，寓意佛家“五十三参”。白塔之后为云山阁。

《清朝野史大观》记载有“法海寺一夜造白塔”的故事。当年，乾隆游览瘦西湖，官船停泊在五亭桥畔，他不经意中对扬州陪同官员说，这里很像京城北海的“琼岛春阴”却可惜差一座白塔。到了第二天清晨，皇帝撩开舷窗皇轩一看，只见五亭桥旁巍然耸立着一座白塔。乾隆以为这是从天而降，忙问身旁的太监原委，太监连忙跪奏道，这是扬州城里的盐商大贾为弥补圣上游西湖之憾连夜赶制而成的。据说，当时的这座白塔是当地八大盐商之一的江春，用万金贿赂乾隆左右请画成京城北海塔样草图，然后一夜之间用盐包垒为基础，再以厚纸扎成光洁表面而做成的。隔水远望十分逼真，引得乾隆皇帝不得不感慨道："人道扬州盐商富甲天下，果然名不虚传。"

后来，法海寺按照这个仿品请人在原地建造了砖塔。该塔实际上是一座喇嘛塔，原属藏语系佛教中喇嘛教寺院的塔制，元代以降，渐行全国。清乾隆四十九年（1784 年），两淮盐总江春集资仿北京北海白塔在旧塔基建造。《扬州画舫录》指明该塔是"仿京师万岁山塔式"，但实际上型制已有了较大区别。北海的白塔是寺庙塔，肚大头细，高 35.9 米，下为高大的砖石台基，塔座为折角式的须弥座。法海寺塔虽取喇嘛教寺院塔制，但在瘦西湖只为点缀，故系园林塔。另外，扬州的建筑都以柔秀见长，因此法海寺塔取喇嘛塔轮廓而改换了其面目：一是降低高度——扬州的白塔仅 27.5 米；二是缩小轮廓——外形曲线变得秀美而身子变小，其上部十三层级相轮也较北海塔瘦长导致塔形类似花瓶样；三是发挥砖刻特长——塔座全由砖雕形成束腰须弥座，座为八角四面，每面三龛，龛内砖雕十二生肖像象征着一年十二月、一天十二时辰，共筑台阶五十三级象征童子拜观音的五十三参图，相轮修有为十三层象征天的最高处——十三天。

此外，法海寺的云山阁也富有更为离奇的传说。云山阁原住着一位有名的僧厨，他以"烧猪头肉"而闻名。相传在北宋时期就有"佛印（和尚）烧猪待子瞻（苏东坡）"的佳话。号称"心出家庵粥饭僧"的金农在自己的题画诗中也流露出"劚来配煮花猪肉，不问厨娘问老僧"的雅意，而出家人烧什么样的猪，也是法海寺留给人们的猜想。

瘦西湖一直是江南文人墨客必登之地，于是法海寺内自然留下了不少富有趣味的书偈。其中有这样几段富于人生哲理："心好命又好富贵直到老，命好心不好富贵为祸兆，心好命不好祸转为福报，心命俱不好遭殃且贫夭，心可挽乎命最要存仁道，命实造于心吉凶唯人招。"还有"十来偈"曰："端正者忍辱中来，贫穷者悭贪中来，高位者礼拜中来，下贱者骄慢中来，喑哑者诽谤中来，盲聋者不信中来，长寿都慈悲中来，短命者杀生中来，诸根不具者破戒中来，六根具足者持戒中来。"

另外，也有一些关于健康长寿的书偈，比如："少吃荤多吃素，少饱食多分餐，少放盐多用醋，少油炸多蒸煮，少吃甜多吃苦，少狼吐多嚼咀，少偷懒多跑路，少熬夜多睡足，少荒废多看书，少放纵多约束，少生气多忍耐，少找茬多让步，少批评多赞美，少煽火多劝阻，少过招多爱护，少泄气多鼓舞，少抱怨多祝福，少苛求多宽恕，少嫉妒多佩服，少贪求多知足，少冷落多关注，少关闭多接触，少盘算多糊涂，少骄傲多谦虚。"

法海寺的这些书偈透射出浅显易懂的生活哲理，一直影响着江南信徒们的日常修为，也引来游览者驻足摘录。

徐州狮子山·竹林寺

竹林寺坐落于徐州市东郊狮子山麓。

竹林寺始建于东晋穆帝永和年间(345—356 年),取名“青园寺”,距今已有一千六百余年历史。

西晋末年(291 年),武威(今甘肃民勤)县太守种诞之女种令仪,少时勤奋好学,擅长书法和绘画,精通诗文,多才多艺。西晋建兴年间(公元 313—316 年),令仪前往洛阳西门外“竹林寺”学佛,从智山大和尚落发受十戒出家,法号“竺净检”。净检法师天资聪慧,苦心修行几年后,其学问甚至超过了一些有成就的大僧人。东晋咸康年间(335—343 年),净检等四人从西域沙门昙摩羯多下发受具足戒,成为中国佛教史上第一位比丘尼。

因为净检法师祖籍彭城(今徐州),故应邀驻锡青园寺。传说中,佛祖释迦牟尼曾经到天竺一个叫揭摩陀的小国弘法,国王惜缘改信佛教并送竹林给佛祖,还在竹林建殿堂让佛祖居住。佛祖便把这地方取名“竹林精舍”又叫“竹林寺”。穆帝司马聃欣赏此意并接受净检法师的建议,“敕改”青园寺为“竹林寺”,从此,竹林寺成为了名闻天下的中国第一比丘尼道场。

南宋时期,金人入侵攻打徐州时竹林寺被毁。明朝开国皇帝朱元璋下令全国崇佛,竹林寺方得以修复扩建。明代世宗嘉靖年间倭寇入侵彭城,竹林寺破坏严重。明代穆宗隆庆年间开始修复。直至清代朝乾隆皇帝下江南,巡幸竹林寺礼佛,竹林寺才真正得到全面修复扩建。竹林寺顺山而建规模宏大，至明清时期已经成为了徐州八大寺之一。民国年间日军侵占徐州，竹林寺被肆意劫掠，千年古寺满目疮痍，最后寺毁僧散。由于当时竹林寺香火极盛，各界人士皆来朝拜。

竹林寺原供奉一尊古代木制贴金的韦驮菩萨像，后为躲避战火僧众将其埋于地下。1940 年，日军侵入徐州驻军竹林寺。连续一个星期，驻军翻译官中岛吉一每夜都听到无形脚步声，于是应声跟随到竹林寺后院，第二天便在脚步声消失处挖出了韦陀菩萨像，中岛因此善心初发，曾经尽力劝阻日军屠城计划。之后，中岛吉一将韦驮菩萨抱藏在怀，历经战火毫发无损，故由衷感激菩萨护佑，便将韦驮菩萨请回日本。中岛吉一回国后出家立寺终身供奉韦陀菩萨，临终前他嘱咐女婿森秀敏将韦驮菩萨归还中国竹林寺。因此，韦陀菩萨像失窃整整 60 年后，2000 年 4 月被 75 岁的森秀敏先生恭还。如今，韦陀菩萨像期放在竹林寺供奉。

当年，净检法师提议将寺院取名为“竹林寺”，一是表达对其出家寺院的怀念，二是恭敬佛祖早期的传教地，三是欣赏狮子山麓的大片竹林。

如今，新建的竹林寺坐落在徐州汉文化景区北侧骆驼山，占地约 350 亩，建筑面积 4000 平方米，总投资约 1.5 亿元，属于典型的“山上寺”。其主要建筑有山顶的大殿、观音阁、中国第一比丘尼纪念堂、三座碑亭、南北山门等五组建筑，寺庙后院生长着逾千平方米的竹林。整个寺院工程充分利用了现有自然地形及自然环境，整体规划了竹林寺建筑群体，再现了千年古刹竹林寺深幽清静意境。

徐州云龙山·大士岩寺

大士岩寺位于徐州城南云龙山西麓。

大士岩寺始建于清代康熙五十七年(1718年)。传说,北宋熙宁十一年(1078年)秋彭城发大水,云龙山人张天骥的草堂水遭水淹至半扉门高,于是第二年水落后,张君迁居到云龙山东麓,登高远望犹如仙境,便修一茅亭躬耕自乐。张山人驯养有二只能飞的仙鹤,时常清晨飞向西山黄昏回至茅亭,故人们称此茅亭为“放鹤亭”。苏东坡就仕徐州后,与其性情相投遂结为好友,经常带宾佐吏会见张山人并置身放鹤亭饮酒作诗。苏轼在他所写的《放鹤亭记》中生动记载了张山人的建亭经过和登亭放鹤情形。

清代康熙五十七年(1728年),徐州知府姜焯听过这一传说后,便打算云龙山西麓也修一“放鹤亭”。挖地基时发现一块巨石,石质精美状如观音,于是凿成“送子观音”像。石匠在雕琢过程中发现石中一道白纹,天然若飘带,于是因势雕出飘带绕于送子观音腰间,因此“送子观音”又被徐州人称为“玉带观音”。为保护玉带观音造像,知府即建大殿三间庇覆其上,后又陆续扩建形成一座由园通宝殿、韦驮殿,僧寮、亭台、阁道组成的院落。当时该院落门额题有“大士岩”三字,后人遂称之为“大士岩寺”。

大石岩寺院内有鼓亭、钟亭和试衣亭、送晖亭。“试衣亭”和“送晖亭”建于清代康熙六十年(1721年),亭名出自苏轼《送蜀人张师厚赴殿试》诗句“云龙吐下试春衣,放鹤亭前送落晖”。试衣亭北墙嵌有乾隆皇帝《试衣亭诗辨》碑。鼓亭楣间书有“康熙六十年知州姜焯造”十个端秀楷书。两边石柱上有对联“云山怀旧泽，风日忆当年”，是极有价值的清代文化遗存。大士岩西有依山崖修建的五十三级石阶，气势壮观陡峭险峻，向西可俯瞰碧波荡漾的云龙湖，形成闻名的“五十三参”。

大士岩寺坐落于秀美的云龙山顶，实为一方幽庭丛林。大士岩寺院内两株参天古柏粗可合围，沧劲挺拔虬枝翠叶。大殿三间青瓦红柱，彩绘挂落鲜艳夺目。大殿内凿石为龛，龛内供奉观音大士慈眉善目，身披红裘安详端坐。出大士岩寺，下“五十三参”，经半山亭，过白鹿洞即到黄茅冈。著名的“东坡石床”就在黄茅岗上。宋神宗元丰元年，苏轼与好友一起登云龙山引酒而醉，经黄茅冈时体力不支，因卧于石上并唱出醉酒七句诗。乾隆来徐州时曾为大士岩寺题写了“黄茅冈”三个大字，刻在峭壁上。

大士岩寺钟亭的横梁上，悬挂着一只重约万斤铁钟。铁钟铸于明宣德三年，钟上铸有“风调雨顺”四字。每逢晨暮和尚咏经之时，悠扬的钟声便徐徐传出，成为徐州八景之一——“佛寺钟声”。

文革时期，大士岩寺惨遭破坏，玉带观音被毁，石刻碑文被砸。后经隆启法师倾力修复，现已成为清净祥和、佛声连绵、闻名方圆百里的尼众道场。大士岩寺的园通宝殿两侧抱拄上刻有当年乾隆皇帝游大士岩寺时的亲笔手书“慈云无住庄严像，法雨常飞清静身”及园通宝殿横梁上“普陀一支”四字，也说明大士岩寺为普陀山的一个下院。

自康熙五十八年(1719 年)之后，每年农历二月十九，徐州周边数以万计的百姓信众，从四面八方来到云龙山大士岩寺焚香向佛，顶礼膜拜观音菩萨。近三百年间，生生不息代代衍传，形成了徐州一带最大最盛的云龙山庙会。

泰州乌巷·福善庵

福善庵位于泰州城中内乌巷内义学街。

福善庵始建于清代道光年间(1821—1850年)。其庵址原是义学街翠竹茶馆,因偶然挖地时发现一对小金人,于是改建为一座比丘寺庙。若干年后,因为诸多因素寺庙渐渐败落。后来,本悦师太得家人资助创建了“福善庵”,当时庵堂屋宇有二十余间,正殿有前后两进,厢屋十多间。

福善庵的第一代老祖是本悦师太原籍如东拼茶,出身名门闺秀,十七八岁时看破红尘打算遁入空门却遭到其父亲劝阻,她无奈之时断指剪发跪于父亲面前,其母亲知其决意南返便终于同意。经人介绍,本悦师太前往江都砖桥刻经处妙空法师座下披发,后其父母在泰州购得已经荒芜的翠竹茶馆旧址土地为其创建了福善庵。

本悦师太传承临济宗法系,曾于二十四岁闭关,专看《大般若经》并以一生精力用于请经,六十年未出关房,八十四岁圆寂,火化时有舍利花却“文革”损坏而未能保留。

福善庵传法至今已经第八代,除本悦师太毕生研修《大般若经》之外,以后的五位住持都以修净土宗为主。其中,第二代老祖智玲师太在八十七岁还能念佛七日,然后净念往生。第三代老祖法度师太每年开净土道场,亦讲解《大般若经》一百天,每晚轮流讲示《华严经》和《法华经》等,普度众生弘扬佛法,于是弟子日增香火旺盛。当时庵内已有《大藏经》《续藏》《频伽藏》《碛砂藏》《大般若经》各两部,其他诸经俱全，分别珍藏于十八具经橱内，每年伏晒保存。

福善庵第四代住持为净贤师太，后来被上海报德庵尼众丛林聘请为主持。第五代住持为心朗师太，她曾经继承太祖道念，闭关依《般若》入三昧定，五十三岁圆寂。第六代住持为慧量师太，她生于1916年。当时身在母腹时其母不能闻荤腥，出母胎时却无声音导致家人警骇。于是有人言道：送你出家吧，她却随时哭叫有声。慧量师太五岁时荤不能进口，故被送入福善庵随第五代祖师，二十岁往栖霞山求戒，二十三岁回庵当家。慧量师太继承了庵内历代传统道念，以《大般若经》《华严经》和《法华经》演示道场，她精通佛法清净无染，唱诵声音一利人天二利冥阳，火炼白莲华数十年，于八十六岁圆寂。

第八代传人心权师太为江苏江都人，出生于1918年，俗姓李，父名采斋，世代官宦，母戴氏。心权师太幼年丧父，父母无子，另有其姐一人。心权师太八岁时见人死后便会悲痛流泪，问："怎么一个人会死？死到又哪里去了？"一时无人能答。她听说人家生出一个小孩，便问他是从哪里来的？师太十二岁阅读小说时也深深悲叹世间富贵荣华转眼云烟。她十九岁那年，曾经见过一本书描写一位名为谢雪仙的女子学道修行成果，便就有了出尘之志，其母亲得知便百般劝阻。因母意难违，她只得于六月酷暑绝食卧床，最终争得母亲同意到本地乡村的莲花庵出家。莲花庵是一所贫苦小庙，靠种租田维护生机，但出家僧尼以苦为乐誓不退转。

心权二十二岁时经道友介绍来到泰州的普照庵。二十六岁时往宝华山受戒，得戒老和尚为妙柔法师，开堂师印波法师，依朗跃法师出家。三十三岁慈母逝世，心权悲痛于未报母恩，便发愿自立生活三年超荐，阅览诸经终日念佛，打忏七不饮火食，朗诵佛号精神满足，三十五岁因伤气成痛，四十岁便带病朝礼安徽大九华山前往广济茅莲，参加上禅堂水陆道场，又到东若寺听了然老法师讲《地藏经》，病体恢复如常。之后，她又前往江西云居山拜虚云长老，听海灯法师主讲《法华经》及每星期说戒，增长自我修行进步。后来返会福照庵息静参悟。

心权师太四十四岁时移住福善庵，与师兄慧量师太结伴同参，随众参加华严道场。四十六岁禁足止语拜《法华经》圆满，之后又集众念佛道场弘扬净土。四十八岁朝拜南海普陀山、天童寺、育王寺及诸佛舍利。心权师太四十九岁时正值"文革"开始，依然顶住压力坚持爱国爱教坚贞不移。五十八岁时，心权师太静室打七四十九日，后因未能得益而继续加功，止语禁足又四十九日而稍有定力。六十岁朝峨眉山，步行至万年寺息宿一夜，次日步行三十里洗象池直往金顶过夜，第三日看佛光云海。她六十一岁敬写《法华经》一部超荐先母，六十二岁朝五台山、终南山拜访高僧，为先母求受幽冥戒。六十五岁，心权师太被落实政策，回到福善庵正常朝暮功课。后因患白内障眼疾失明去南京手术，康复后当年秋季往扬州高旻寺参加禅七。七十岁又往云南朝鸡足山礼迦叶尊者。七十四岁与道友同往广东丹霞山别传寺参加内坛水陆道场，圆满后又往曹溪礼六祖、憨山大师二位祖师肉身像。七十五岁去高旻寺参禅，住普同塔晚九时与左右众目皆见来果老和尚舍利塔放光。七十九岁发愿普济十方孤魂，每月初八放中峰国师三时系念，弘法利生冥阳得利。心权师太一直坚持每月三次集中念佛，讲开示度众生，依净土为归，数十年如一日。

福善庵是目前泰州城区唯一的比丘尼道场，多年如一的公德佛事活动日益扩大了福善庵的社会影响，成一、了中、仁德、贤度、明度、于凌波等海内外众多高僧大德居士多次来庵进行佛教文化交流。2001 年 10 月 22 日经海陵区人民政府批准得以恢复法事并举行了隆重的恢复庆典，台湾华严莲社成长老率团专程前来庆贺。

心权师太多年来带领福善庵僧众苦心修行。特别是自台湾华严莲社副董事长、美国华严莲社住持、光孝寺第十八代传人贤度法师寄送 100 套《华严经》后，心权师太在泰州恢复了华严道场，每月初八与二十九带领僧众各讽诵四部《华严经》。同时每年九月初一至九月二十一举办，华严法会，集体讽诵八十卷《华严经》，至今已坚持多年有余。庵中尼众修持虔诚藏经丰富，成为泰州各寺庙中的佼佼者，素为佛教信徒所推崇，尤其耄耋之年的心权师太仍然壮心不已，决心发扬福善庵优良道风，重新规划古福善庵，迎来福善庵的再度辉煌。

南京鸡笼山·鸡鸣寺

鸡鸣寺位于南京市北极阁(原名“鸡笼山”)东北端。鸡笼山东接九华山,北临玄武湖,西连鼓楼岗,山高60余米,因山势浑圆似鸡笼而得名。鸡鸣寺寺址所在地原先为三国时期的吴国后苑之地。早在西晋永康元年(300年),此地就曾有人在此倚山造室,始创道场。东晋以后,此处被辟为“廷尉署”,至南朝梁武帝兴后,才使这里真正成为佛教圣地。

鸡鸣寺始建于南朝梁武帝大通元年(527年)。初建时规模就很大,共建有六座大殿,九层宝塔和十余座小殿及佛堂。梁武帝为了给该寺筹措经费,五次到同泰寺“出家”,再让大臣们出钱为他“赎身”,共为该寺筹款几亿枚。梁武帝于大通元年(527年)下令在台城皇宫旁建寺并取名为“同泰寺”,其寺规模宏大金碧辉煌,一时成为南方佛教中心。同泰寺建成后,梁武帝又在皇宫与同泰寺正对门的地方开了一个门,取名“大通门”。“大通”是“同泰”的反语谐音,以便他出宫入庙方便。同泰寺与台城皇宫隔路相对,整个寺院依皇家规制而建,规模宏大,金碧辉煌,盛极一时,无愧于“南朝四百八十寺”首刹。由于梁武帝的尊崇,同泰寺成为当时南方之佛教中心。据说,天竺高僧达摩祖师从印度来建康时就曾居于此并与梁武帝参禅对话。梁武帝大同年间(546年),鸡鸣寺遭雷击烧毁大半,之后唐代屡建屡毁。

同泰寺内右边小路尚存一口古井。此井陈朝时名景阳井,因石栏上有胭脂色又名“胭脂井”。相传陈太建十二年(580 年),隋兵南下,陈后主叔宝与爱妃张丽华曾避于此井中被隋兵活捉,因而又称“辱井”。明代洪武初年,太祖朱元璋命拆除旧同泰寺重建,改名为“鸡鸣寺”。

历史上的梁武帝不仅提倡尊儒崇佛,自己也身体力行。在当皇帝期间,梁武帝精心研究佛教理论,多次到同泰寺说法讲经听众逾万,其五次舍身经历也遂成传奇:

梁武帝第一次“出家”为三天。大通元年(527 年)三月初八,64 岁的梁武帝到同泰寺行舍身仪式,并对前去寻找他的臣子说明他已决定舍身为僧不做皇帝了。然而,国不可一日无君,大臣们一再苦求,梁武帝这才会朝并颁发大赦令,改年号为“大通”。他第二次“出家”为 12 天。中大通元年(529 年)九月,66 岁的梁武帝亲临同泰寺并设置四部无遮大会。梁武帝换上法衣行清净大舍,以同泰寺中便省室为居所,并升讲堂法座,为四部大众开讲《大般涅槃经》。后几日,梁朝群臣百官用一亿万钱向佛法僧三宝祈求以赎皇帝菩萨。第十二天,百官来到同泰寺东门上表请梁武帝回到皇宫,请了三次皇帝才同意。梁武帝第三次“出家”共 14 天。中大通三年(531 年)十月,68 岁的梁武帝临幸同泰寺登法座向众人宣讲《大般涅槃经》,持续了七天才结束。时隔一日,梁武帝再次临幸同泰寺向僧众宣讲《般若经》又持续了七天。梁武帝第四次“出家”共 37 天。中大同元年(546 年)三月初八,83 岁梁武帝临幸同泰寺,住在寺里临时官署并讲读《三慧经》,直至四月十四讲经结束即实行大赦并改换年号。这天夜里同泰寺寺塔起火,梁武帝认为这是魔鬼所作,必须大做些佛事。梁武帝下诏大兴土木,扩大税源的建造规模。于是一座高 12 层的佛塔开工建造起来。不巧时遇“侯景叛乱”,同泰寺便中止修建了。梁武帝第五次“出家”共 18 天。太清元年(547 年)三月初三,84 岁梁武帝亲临同泰寺举行舍身仪式。初十,梁朝文武百官给佛门捐钱为梁武帝赎身。十二天之后梁武帝回到了皇宫大赦天下并改换年号为“太清”。

“侯景之乱”后,同泰寺荒芜多年,至 922 年杨吴时期,同泰寺故址被重建为“台城千佛院”。南唐时改称“净居寺”,建有“涵虚阁”,后又改称“圆寂寺”。至宋代又分割一半寺院土地更建“法宝寺”。明洪武二十年(1387 年),太祖朱元璋命崇山侯李新督工,在同泰寺旧址重新兴建寺院,尽拆故宇旧屋加以拓展扩建,并题额为“鸡鸣寺”。清朝康熙年间朝廷曾对鸡鸣寺进行过两次大修并改建了山门。康熙皇帝南巡时曾登临寺院,并为这座古刹题书了“古鸡鸣寺”大字匾额。乾隆皇帝也来过此寺并题写了匾额和楹联。

如今鸡鸣寺院内,大雄宝殿之东为“凭虚阁”遗址,西为“塔院”。塔院内全部采用青石磨光雕花工艺，青石铺设地面，一座七层八面的药师佛塔拔地而起。此塔为1990年重新建造，是鸡鸣寺历史上的第五座大佛塔。塔高约44米，斗拱重檐铜刹筒瓦，映带霞辉金色四溢，内梯外廊宏丽壮观。宝塔南面正门上额题“药师佛塔”四个大字，系中国佛教协会会长赵朴初的手迹，北门门额上镌刻有“国泰民安”匾额为当时南京市市长所题。塔内供奉有药师佛铜佛像一座，此像原供奉于北京雍和宫，1972年由赵朴初向国务院提请、经周总理批准送给南京灵谷寺。塔内每层中间还有四个佛龛，为明代金丝楠木雕，原为北京中南海旧物，每个龛内供奉有一尊楠木的药师佛像。寺院观音楼上还有一副对联：“鸡笼山下，帝子台城，振起景阳楼故址；玄武湖边，胭脂古井，依然同泰寺旧观。”

如今，每逢观音菩萨圣诞日（农历二月十九日）、成道日（农历六月九日）、出家纪念日（农历九月十九日），鸡鸣寺都会举行庆祝仪式，数万善男信女前来寺庙敬香，人潮如织热闹异常。

第六章　香火寺庙

苏州枫桥·寒山寺

寒山寺位于苏州城西阊门五公里外的枫桥镇。

寒山寺始建于南北朝梁代天监年间(502—519年),据《吴郡图经》《吴郡志》《姑苏志》《百城烟水》《苏州府志》等记载,如今的寒山寺原名为“妙利普明塔院”。后来妙利普明塔院因寒山禅师而更名。寒山禅师又称寒山子,唐代贞观年间原居住于始丰县(今浙江天台)寒岩,擅长诗词文章,写有诗300余首,后人辑为《寒山子诗集》。拾得禅师本是孤儿,由封干携入天台山国清寺为僧,故取名为“拾得”,并与寒山成为好友。唐代贞观年间,已经成为天台山名僧的寒山禅师和拾得禅师先后来到妙利普明塔院任住持,因此寺院改名为“寒山寺”。

当时唐代诗人张继去唐朝首都长安赴考落第,返回途经过寒山寺,夜泊于枫桥附近客船中夜里难以成眠,远处传来寒山寺阵阵钟声,故有感而作《枫桥夜泊》一诗:“月落乌啼霜满天,江枫渔火对愁眠。姑苏城外寒山寺,夜半钟声到客船。”《枫桥夜泊》脍炙人口深受文人雅士喜爱,寒山寺便随之逐渐闻名了起来。

隋唐至明清1000多年内,寒山寺不幸先后遭遇五次火毁,幸得各方资助五次修复。最后一次重建是清代光绪年间。

南宋时期,寒山寺曾经被更名为“普明禅院”,但因寒山寺一直供奉的佛像仍是寒山、拾得的形象,所以人们仍习惯地称它为“寒山寺”。后来传说拾得后来还远渡重洋来到东邻日本传道,在日本建立了“拾得寺”，所以寒山寺深得日本友人的敬重。

历史上寒山寺曾是我国十大名寺之一。寺内古迹甚多，有张继诗的石刻碑文，寒山、拾得的石刻像，文徵明、唐寅所书碑文残片等。寺内主要建筑有大雄宝殿、庑殿(偏殿)、藏经楼、碑廊、钟楼、枫江楼等

寒山寺素以钟声吸引游人。如今敲响的大钟为清光绪三十二年(1906 年)江苏巡抚陈蘷龙督造，巨钟有一人多高，外围需三人合抱，重达 2 吨。每年除夕之夜，中外游人云集寒山寺，聆听钟楼中发出的一百零八响钟声，在悠扬的钟声中辞旧迎新，祈祷平安。

近年来，寒山寺铸造了被称之为“天下第一佛钟”的仿唐式古铜钟，其总重量为 108 吨，钟高 8.588 米，钟底裙边最大直径 5.188 米，钟面主体铭文铸有《大乘妙法莲华经》共 69800 字，钟面上其他铭文 70094 个字。大钟六铣口裙边上方铸有九幅精美的飞天图，整个钟体造型厚重秀美，成为中华梵钟文化的代表作品。

与大钟同时奠基的还有“中华第一诗碑”。诗碑主体高度为近 16 米，总重量达 388 吨。大碑正面镌刻有清代书法家俞樾所书张继的《枫桥夜泊》诗一首，共 28 个大字，45 个小字，最大的字为 0.8 米见方。据说清末光绪三十二年(1906 年)，江苏巡抚陈龙重修寒山寺时有感于沧桑变迁古碑不存，便请俞樾手书了这块《枫桥夜泊》石碑。其时俞樾虽已 86 岁高龄，仍以其饱满情怀、稳重章法、浑圆笔意，挥洒淋漓一气呵成。也许倾尽全力，也许心愿以了，俞樾作书后数十天便倏然长逝。《枫桥夜泊》石刻大碑的背面镌刻有乾隆皇帝手抄的《般若波罗蜜多心经》一卷，共 289 个字。共雕刻有 28 条蛟龙的大碑矗立在一个水池中，寓意着张继《夜泊枫桥》的意境。

此外，寒山寺还参仿唐代宝塔样式，修建了气势雄伟“普明塔院”，结束了寒山寺六百余年无塔的历史。

苏州唯亭·重元寺

重元寺位于苏州城三十里外的唯亭镇。

重元寺始建于梁武帝天监二年(503 年),初名为“重玄寺”。梁武帝萧衍主张以佛化治国,一时上行下效全国崇佛。住在苏州长洲县衙西北二里处的官员陆僧瓒,见自己的官宅上空祥云重叠,便立即奏请梁武帝准许舍弃此官宅改建寺庙,并取名“重云寺”。梁武帝欣然嘉许并亲自题写匾额为“大梁广德重玄寺”,其中,奏章转抄上递过程中“重云”被误写成了“重玄”,因此只能使用“重玄寺”寺名。由此开始,重玄寺兴盛不衰一直延续到中唐时期,其势其景如苏州刺使唐代大诗人韦应物《登重元寺阁》所写:“时暇陟云构,晨霁澄景光。始见吴郡大,十里郁苍苍。山川表明丽,湖海吞大荒。合沓臻水陆,骈阗会四方。俗繁节又喧,雨顺物亦康。禽鱼各翔泳,草木遍芬芳。于兹省甿俗,一用劝耕桑。”

唐代武宗会昌二年(842 年),重玄寺也在轰轰烈烈的“会昌灭佛”运动中被毁,大批僧人纷纷迁寺出城。不久,重玄寺也被僧人们移建至苏州城三十里的唯亭镇。吴越钱鏐时期(908—932 年),重元寺曾经进行过大规模修葺,一座主院、五座别院规模宏大,殿阁重叠富丽堂皇。两座土山为寺院前方护院,一尊丈余高无量寿佛铜像屹立于寺院中央,两块异石分立于庭院,十六尊罗汉环立两侧,等等壮观繁陈,使之一举成为当时的一座“巨刹”、江南最大的寺庙群

北宋时期重玄寺一度被改名为“承天寺”。北宋真宗大中元年

(1008年),一个叫男师贞的人与族人们商量后买下一块地,将已被废弃了的承天寺里的一座石幢重新竖立了起来,后来寺院季度被毁,唯有此石幢屹立未倒。如成书于清代道光年间(1848年左右)的《元和唯亭志》所记载:"(重元寺)今遗迹俱湮,唯寺前石幢一躯,犹唐时建。"石幢是这座寺庙的纪念性标志,韩崇等清代著名诗人都有感于历史沧桑而为这座石幢写过诗篇,历代诗人如白居易、韦应物、皮日休、陆龟蒙、范成大等也都为之吟咏。

北宋徽宗宣和年间(1119—1125年),朝廷禁止以"天、圣、皇、王"等字来命名寺、观、桥梁,所以承天寺被改名为"能仁寺"。元代文宗至顺年间(1330—1333年),能仁寺毁于大火。元代惠宗至正年间(1341—1368年),悦南楚和尚将寺院重建恢复一新,并且将宋代两个寺名合二为一称为"承天能仁寺",又有人叫它"双峨寺",这很可能因为寺前有两座土山,也可能因为寺内有两块异石。寺院重建除复建了原有殿阁外还新建了"盘沟大圣祠""灵佑庙"和"万佛阁",大有"三教合一"之趋向。明代,寺院又毁后重建并沿用"重玄寺"寺名。清代因避康熙帝玄烨之讳而易 "玄"为"元","重元寺"寺名从此一直使用至今。"文革"期间,重元寺不幸被毁。

如今,当地政府遵循"经典上有依据、历史上有传承、方便上有特色、艺术上有创意、功能上有感应"等五项原则,对重元寺佛教文化景区进行了全面复建,水止观音院、重元禅院、药师塔相互呼应,又与点相互配合,莲花佛国观音道场特色与万佛庄严独特风貌跃然呈现,再次体现出重元寺"关爱生命、度生护法"为佛教宗旨。

宜兴善卷山·善权寺

善权寺位于宜兴善卷山之善卷洞毗邻。

善权寺始建于南北朝齐建元二年(480年)。据传,早在善卷寺建成之前,于东晋孝武帝太元二年(377年)。北方名望士族祝家因北方出现“五胡乱华”局面而南迁,定居在山明水秀的绍兴上虞(今浙江东部),选择一处荒僻的梅溪源头聚族而居,后人称之为“祝家庄”。

祝家庄传至第四代便有了祝英台。南北朝时期,祝英台已随家人移居宜兴善卷洞一带了。当时,祝英台建有自己居住的宅院,同时发生了后人传说中“梁山伯与祝英台”的动人故事。祝英台去世后,有一位储南强先生买下祝英台住宅及附近的山洞和山地产权,进行一番整修之后建成了“善卷寺”,因此,善卷洞也一度成为了善卷寺的庙产。后来,因避齐国东昏侯萧宝卷讳,寺庙名称改“卷”为“权”,并一直沿用至今。

善权寺山清水秀、清净幽雅,曾经是潜心读书、造就人才的首选之地。唐代大司空节度使李蠙、北宋主战派丞相李刚、南宋大学士李曾伯三人,年轻时都曾经隐居善权寺中求学攻读,后来遂成朝廷重臣。李蠙、李刚、李曾伯三人身为重臣却依然留念善权寺,以至于三人告老辞官后都先后选择来善权寺安度晚年,三人死后也都墓葬于善权寺旁的善卷山地之中。当地老百姓都说他们是天上星宿下凡,盛有“一姓转世三宰相,三生造寺一因缘”的传说,同时又有“李蠙出俸赎善权”

“李纲捐俸修善权”“李曾伯读书善权寺”等传世佳话，善权寺一度成为古人求仕苦读的圣地。

因此，后人便在善权寺内建有“三生堂”以缅怀“三李”贤臣。后世的许多状元、宰相都先后慕名前来善卷寺游览敬仰。明代，善权寺住持方策和尚还为此特别礼请朝廷大臣、著名大学士王鏊撰写《善权寺古今录》以及大画家文征明作序，然后刻石立碑并专修“唐殿”安置以供人敬仰。因此，当时善权寺中“唐殿”“雷书”名闻天下。

善权寺是宜兴佛教文化的发源地之一。善权寺一直由临济宗、曹洞宗高僧住持，其中最有名的是被清代顺治皇帝封为“大觉普济能仁国师”的玉琳通琇和尚。善权寺在宜兴佛教史上的历史地位，正如在1980年代著名书法家萧娴老人曾为善权寺书写的一副对联所言：“四代成正，临济门庭推巨擘；重来满愿，善权焦土复华严。”

然而，善权寺也相传有一段令人遗憾的往事。

善权寺在历史上曾经是江南名刹，历经南朝、唐、宋、元、明诸朝，至清初逐渐衰落。其衰落原因之一出于寺院内部的宗教派系争斗。

清代江南宗教已经形成了临济宗和曹洞宗这两大不相兼容派系。善权寺原为曹洞宗百愚净斯禅师所住持。康熙十年(1671年)，百愚净斯禅师的弟子寒松智操禅师继承住持席位，当年，临济宗后来名震华夏的玉琳通琇禅师才19岁，他前往磬山从天隐圆修禅师出家，后来进入皇宫讲法，深受清世祖顺治皇帝青睐而拜他为师，并敕封为“大觉普济能仁国师”而权倾佛界。

玉琳通琇禅师的师父天隐圆修禅师是幻有正传的弟子，而幻有正传生后舍利子被安葬在善权寺的“乐安塔”内。康熙十二年(1673年)，玉琳通琇以“保护祖塔”为名，在宜兴地方官的支持下进住善权寺，赶走了寒松智操禅师，令弟子白松行丰住持善权寺，自己则回到浙江西天目山禅源寺。从此，白松行丰依仗玉琳通琇权势为所欲为，甚至夺占寺侧的“陈家祠堂”。此处陈家祠堂本是陈氏子孙供奉宋代为善权寺捐助200亩“常熟田”的祖先陈宗道而设祭祀之所，于是双方纠纷顿起，在寺中棍棒相加大打出手。白松行丰竟将陈氏祖宗的灵牌投入火中烧毁，由此激怒了陈氏家族，他们冲进寺殿打杀十多个僧侣，并放火烧寺，白松行丰逃避不及而葬身火海之中，善权寺也毁之大半。于是留下历史上“火烧红莲寺”的故事。

对于这段惨剧，明代大画家沈周在《感宜兴善权寺寥落》记述道：“有客新寻古洞回，国山无处问茶杯。僧烦籍役兼徒去，虎熟禅堂引子来。雨烂竹菇春委顿，风惊松箨夜摧颓。未应灵胜随人往，碧殿犹存火篆雷。”

民国期间，善权寺被烧毁于日寇掠火，仅存“华藏门”一处遗址。

如今的善权寺为1992年复建寺院。明代善权寺曾经建有“圆通阁”供奉观音大士。

现在的圆通阁复建于2000年，阁内陈列着一尊高8.8米的涂金水月观世音，座像背后是三十二座观音化身彩色悬雕，四周更有巧夺天工的53尊观世音紫砂悬雕，悬雕姿态万千栩栩如生，由当代中国紫砂工艺大师徐秀棠精雕细制而成，被公认为“中国第一”和“世界一绝”。

徐州泉山·泰山寺

泰山寺位于徐州南郊泰山顶峰山水秀丽的泉山区内。泰山古寺始建于明代嘉庆年间，当时叫“显济庙”，供奉的是碧霞元君。明末，泰山道教衰微门庭败落，寺基荒废续而转为佛教道场。清代乾隆四十三年(1778年)，徐州知府永龄将其更名为“碧霞宫”，俗称“奶奶庙”“娘娘庙”。

此碧霞宫有着一段动人的传说。很久以前，徐州一带曾经遭遇过一场严重的瘟疫，当时死了很多人。一些有钱有势的人，骑马坐轿来到距离徐州六七百里地的山东东岳泰山，求东岳大帝为其保佑，而平民百姓却没有盘缠钱只好在家坐以等死。俗称“泰山奶奶”的东岳大帝之女碧霞元君心地十分善良，得知这一情况后决定自己独自前往徐州为百姓消灾解难。但家人考虑她年纪只有十六岁只身艰难没能同意。于是碧霞元君求请曹山舅爷护送前往徐州。经过长途艰辛跋涉二人终于来到了徐州并很快降服了瘟神，四方赶来的百姓也随即得以治病收灾。人们为了纪念泰山奶奶和曹山舅的功德，特意建立了“娘娘殿”(碧霞宫)和“曹山亭”。

从此，民间一直流传着“上山不拜曹山亭，泰山奶奶不知情”的说法，来泰山要先拜山脚下的曹山亭，于是形成徐州泰山文化的一大亮点。四面八方的敬香者纷纷来到泰山庙，朝拜“泰山奶奶”，以求多子、多福。逢会期间，敬香者不仅涉及所属六县(市)、五区，而且鲁南、豫东、皖北一带的善男信女都来此朝拜。这充分体现了佛教文化的“诸恶莫作、众善奉行、大慈大悲、普渡众生”的精髓的深入人心，也反映了人民群众对平安幸福生活的向往和渴求。

后因战乱，碧霞宫多次兴废。明末，徐州泰山的民间道教信仰衰微，门庭败落寺基荒废，因此逐渐转为了佛教道场。又因战乱多次兴废，直至民国初年，泰山寺由性佛法师接任，泰山寺沿着佛教道场始走向正轨，后经妙净、首净、朗净等诸位弟子努力，香火开始鼎盛。十年动乱期间，楼阁庙宇全部被毁。1993 年，政府正式批准复建泰山寺。在现任住持合愿法师的带领下，经过十多年的努力，该寺整体基本得到恢复，天王殿、碧霞元君殿、东西配殿、僧寮全面建成。

长久以来，在彭城人们心中，徐州泰山可与东岳之尊比肩，堪作徐州群山北斗。泰山寺耸立于泰山之巅，东连凤凰山、西接云龙山，南与泉山相望、北与福寿山相守，青龙朱雀共舞，泉润福寿同享，四周风景迤逦，院落香鼎火旺。整个寺院上接湛蓝如洗苍穹，山下翠绿沧海相托，霞光之中殿宇一片金碧辉煌。

泰山寺初创至今，一直同时供奉佛教师祖与道教神仙，在江苏寺院中独具特色。因此，泰山寺有着承办当地庙会的习俗，影响广泛。泰山庙会的形成应在娘娘庙建成之后。每年农历四月十五日被定为泰山庙会，是庙会的正会，其后两天为偏会。在这一年中最热闹的几天中，四邻八乡的善男信女都云集于此，给泰山娘娘敬香磕头乞求平安。庙会期间，从山脚到山顶的蜿蜒盘山小路两边涌满了出售各色商品的小贩，远乡的人们更是推车挑担携家带眷，人声鼎沸热火朝天。

关于泰山庙会盛况，民国初年徐州宿儒杨维周老先生在其《泰山竹词》中描写得淋漓尽致：“纷纷俱作泰山行，绿女红男尽出城。更有何人夸远足，莘莘学子气峥嵘。云龙山过人丛丛，泰岳危峰指顾中。满路儿童齐拍手，欢然共说碧霞宫。翩翩车马侈豪华，仆从追随说大家。旷野苦无休息处，松林张幕试新茶。扰扰纷纷闹市多，居然闹市在山坡。更与空地人从居，男试其能女唱歌。”

徐州云龙山·兴化禅寺

兴化禅寺位于景色宜人的徐州云龙山东麓，是苏北地区闻名遐迩的古刹之一。

兴化禅寺始建于唐朝开元年间，原名“石佛寺”。相传北魏正平元年(451 年)，北魏太武帝拓跋焘侵略刘宋地区，围攻徐州的 30 万大军就驻扎在云龙山戏马台一带，士卒们依山就石，露天雕成一尊高约三丈六尺(11.5 米)的释迦牟尼佛头部石像以求保佑。不久，石佛寺也缘这座北魏大石佛逐渐修成，如今，这座北魏时期的大石佛成为了兴化禅寺的重要标志。

据兴化寺碑文记载，宋梁时代此即有庙，即名“石佛寺”或“大佛寺”。隋唐战乱毁坏后失修倾圮。明代洪武戊寅年(1398 年)，高僧胜吉法师缘山构宇建大殿将石佛覆盖保护，寺院随之扩张。尤其，寺院大殿依山而建，峭壁悬崖盖在殿内且与山体相连，天逢阴雨便有雨水渗入，水大时或如瀑布，滴水自上而下形成了殿内山水奇观。峭壁上天然形成无数洞穴，洞穴内亦被雕刻有形态各异的佛像，大石佛以此映衬更显壮观。

明代宣德元年(1426 年)，石佛寺正殿焚于大火殿堂残缺，唯有石佛完整独好。明代宣德七年(公元 1432 年)，禅寺住持文安法师扩建大殿五间，整个大殿仍然依崖而造，顺山而成，前壁高三丈有余而后壁仅由高尺许的三砖叠成，整体设计奇巧，建筑妙绝，荟萃古典佛寺与崖屋建筑之精华，故有“三砖殿覆三丈佛”之称，为历代名人所咏叹。

明代成化二十三年(1487年)春,太监高公瑛等人游历兴化禅寺,见寺院倾圮不胜惋惜。后经高公瑛倡议各方资助,石佛寺得以修复鼎新,大殿日光霞彩顿还旧观,并延请文安和尚担任主持维新寺院、兴旺香火。后来文安和尚圆寂,石佛寺陆续出现断壁颓垣。明代万历二十三年(1606年),宁波天童寺密云悟祖禅师往朝五台山,游燕都胜迹路经彭城,见石佛寺冷落欲废,不禁发心修葺,遂派法孙谷庵法师前来彭城,为振兴寺院而化缘斋田,故修缮之后取名"兴化禅寺"。清康熙年间,兴化禅寺外请熟工续刻成大石佛两臂、胸部。

清代起,兴化禅寺平稳建设,逐渐形成七进院落,内有大雄宝殿、大佛殿、天王殿、山门、三圣殿、藏经楼、祖堂、法堂、方丈室、客堂、斋堂、库房及僧舍等。自此,寺院重燃灯香,灯燃千载,香火悠久,成为了苏北佛教第一大丛林。后经天池、奎章、月天、舍珠、汰广、登洲、善堂、妙源、仁山、效周等十一代住持护持,香火延续至1960年代初期,不仅成为一方旅游胜地,而且更是重要佛事圣地,各地香客常年络绎不绝,兴化禅寺香火非常旺盛。

云龙山是苏北名山、徐州历史文化遗产精华。建国初期,毛泽东曾六次登云龙山游兴化禅寺。兴化禅寺古迹众多,包括大雄宝殿、济公殿、钟楼、藏经楼、北魏石佛等。其中最出名乃属北魏大石佛与唐代摩崖石刻,尤其依山崖而建的云龙山大石佛石窟群,则完全可与云岗和龙门两大石窟同负盛名。

徐州蟠桃山·宝莲寺

宝莲寺位于徐州城东郊蟠桃山南坡。

宝莲寺为2009年徐州市政府在古代“江莲寺”遗址上新建的大型佛教寺院。蟠桃山海拔105.1米，又名凤凰山，近年来，徐州新建蟠桃佛教文化景区，其中宝莲寺建设占地700余亩，总投资约4亿元。蟠桃佛教文化景区被划分为宝莲寺寺庙园林景观区、生态林景观区、风景林景观区、养生植物景观区、桃花源景观区等五个植物景观特色区。宝莲寺位于景区中心，东临长安大道，南靠蟠桃山南路，风景秀丽、交通便捷。

建设中的寺庙园林景观区建筑主要包括主体寺庙区、民俗娱乐区、五行养生文化区、庙会商业街等部分，整个景观区出口处沿蟠桃山南路布置，其中部布置为寺庙建筑群作为景区核心部分，分别建有天王殿、珈蓝殿、祖师殿、观音殿、地藏殿、七佛殿、文殊殿、普贤殿、通天阁、藏经阁、方丈院、上客堂、斋房、僧寮等特色建筑，雄伟的钟楼、鼓楼分别矗立于高大的寺门两侧，轴线上的天冠弥勒阁高达59.88米，其余建筑以其为中心沿着南北方向展开。目前，通天阁内巨大佛像已经塑造成型。

宝莲寺佛教建筑群设计在远观轮廓线及比例关系上，采用了重檐歇山式基本造型以充分体现了汉唐建筑风格，在细部构件形态和材质处理方面更有创新突破，除选用普通钢筋砼和钢结构体系外，所有大梁均采用建筑新形式，幕墙应用局部透空处理以保证内外视觉通廊。整个设计力求在传统造型基础上追求现代性的表达。

宝莲寺景区建成后将会形成国内“四个第一”。其中，一是“七佛殿第一”，它具有国内最大的大雄宝殿，其占地超过 2000 平方米，高度 26 米。二是“通天阁第一”，它具有国内最高的佛阁，其高度大 59.88 米，建筑面积 4500 平方米，第三是“天冠弥勒佛像第一”，它具有国内最大的室内锻铜佛像，其高度达 39 米。四是“独占鳌头塑像第一”，它具有国内最大的鳌型塑像，其高度约 10 米，长度约 18 米，宽度约 13 米。

2011 年 6 月 23 日，徐州蟠桃佛教文化景区宝莲寺举行了洒净祈福仪式。江苏省佛教协会副会长、徐州佛教协会会长果光法师带领 18 位僧众及众多居士为各殿堂洒净，祈福保安平善，庄严无上菩提，以此严净功德。

蟠桃佛教文化景区的建设，将极大地带动区内旅游业的发展，并促进区内经济结构转型和经济总量的提升，成为加速周边产业良性开发与经济协调的助推器，进一步营造良好的投资建设环境，对弘扬传承佛教文化、发展佛教事业、满足佛教信徒的需要、推动社会和谐具有重要意义。

徐州西关·广化寺

广化寺位于徐州西关老博爱街，原名“地藏王堂”。

广化寺始建于清代嘉庆年间（1767—1850 年）。据大殿东墙上记录建寺功德的通道碑记文石碑上记载，寺院为嘉庆六年（1801 年）九月由广运法师创建。传说地藏王在利益众生时，十殿阎君曾经给他提出两点建议：一是要制定一部法典去规范世人的行为，二是要向世人广讲法度教人一心向善，这样便会让堕入地狱的人大大减少。地藏菩萨接受了十殿阎君的这两点意见。根据这一传说，广运法师发心为地藏王修建一处讲法的道场，于是在当时徐州比较繁华的博爱街修建了“地藏王堂”。

又据寺内遗存碑文记载，地藏王堂原先是一座标准的四合院。地藏王堂的第一次修缮是在清道光十八年（1838 年），当时的住持广运法师得到了徐州郡监生王廷佩、庠生聂允恭的大力协助。清光绪三十年（1904 年）寺院由又进行了一次大修。中华民国十年十一月（1921 年 11 月）也进行过修缮，当时颁布的铜山县公署布告石刻至今依稀可见。这座两百余年古刹历经风雨沧桑屡毁屡修，至今仍然保持着初建时的基本格局。

徐州地藏王堂地处徐州市中心的特殊地理位置。据《徐州民族宗教志》记载，徐州地藏王堂房产众多院落宽敞，四周古树婆娑遮天蔽日，院南放生池、荷花塘、菜园一应俱全。因历史上战乱、水灾等原因，寺院因为屡遭破坏，更由于地处商业闹市区，正门长期被堵。

“文革”期间，众僧尼们被赶出山门，寺院被辟为小学二部。据老年人回忆，“文革”时期红卫兵捣毁寺院时曾在大雄宝殿中间拜垫位置掀开一块大石，发现一个洞口。洞的方向及深度不得而知，据说夏天常有许多居民到大殿里避暑。由此推断，当初造洞的用意可能为驱热消暑。后来洞被填死，以后很少再有人去解释这一建筑现象了。

1983 年，政府部门把被学校占用的地藏王堂归还给了佛教。在慧郎老师太主持下，地藏王堂更名为“广化寺”，开始了正常的法务活动。1989 年慧郎法师圆寂，由大弟子悟开法师接任住持，广化寺众弟子广结佛缘，佛事昌隆，佛声不断，香客不绝。2000 年，悟开法师因年事已高退居，宏广法师接任住持。开始对寺院大规模修复和改建。

如今的广化寺占地 584 平方米，整个寺院面南背北，寺门前安放着两个雕花石鼓，寺内房屋齐整，气宇轩昂。大雄宝殿抱柱擎廊，廊额与殿内木梁上布满佛教故事中的各种图画，大殿屋脊上有各种鸟兽雕刻。南屋的拱形门上，砖雕的“地藏王堂”四个大字在经历了百年风雨浸润之后，古香更浓。院落四周，古树婆娑、遮天蔽日。新建的大殿气势宏伟、金碧辉煌，正殿的释迦牟尼佛像栩栩如生、气度非凡，配殿西屋有三圣像、药师佛像，东屋是装修一新的念佛堂，在韦驮殿的东边屋，又设立了十殿阎君殿。如今的百年古刹已旧貌换新颜，又恢复了往日的景象。

农历七月三十是地藏菩萨的圣诞日，因此也成了广化寺“地藏王菩萨庙会”之日。每年庙会期间，广化寺香客云集，方圆几十里内前来朝圣者络绎不绝，广化寺因此在徐州地区影响甚广。

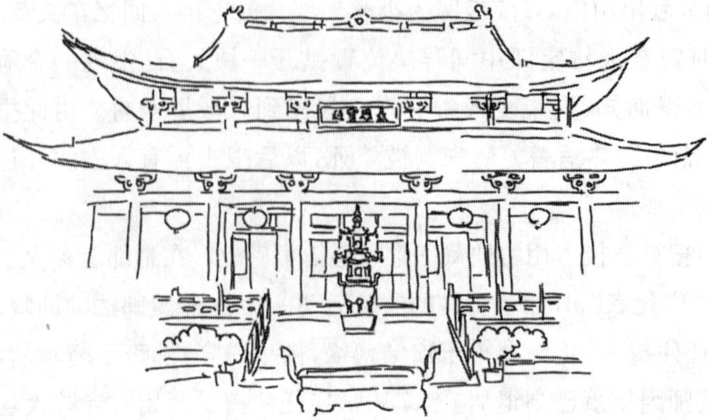

南通观音山·太平禅寺

太平禅寺位于南通东郊观音山镇。

太平禅寺始建于唐咸通七年(866年)。相传昔日观音山镇南首有一处野苇丛生、雁起雁落的平沙,唐代称为“雁沙”。这片雁沙上唐代就建有一座小庵堂“观音堂”,也称为“雁沙寺”,咸通七年被敕建为“太平禅寺”。

自五代通州建城,历经宋、元、明、清,由于通州偏于一隅故无多战争,社会稳定,经济发达,人口繁衍,南通地区的寺庙一直兴旺,太平禅寺也几度呈现辉煌,廊庑充溢、屋宇奢侈。

太平禅寺鼎盛之时,占地三百亩屋宇一千间,高楼飞观,驰道周环,殿宫连承轩槛曼延,为南通地区“九大名寺”之一。

如今,太平禅寺幸藏有乾隆十九年(1755年)邑人张章及其子张新铎所立的一块残碑,上面刻写着:“通郡有九寺,城东观音山古名太平寺,其一也。世远年久,碑志无存。建自唐朝咸通七年,迄今将有九百岁矣。河干有外山门一座,迤逦而南有山门,关帝殿、诸天殿、天王殿。佛殿东有楼,妥五百阿罗汉。西有敕建丞相祠,祠前有地藏殿。土山环抱,山河围绕。寮房百有余间,僧众五十余人。庙宇之翰筑、林树之荫翳、人口之繁衍,岂唯村镇驻锡难以媲美;即城市古刹不堪比肩,洋洋乎大观也。”如此大观其殊荣足以冠盖江海。

所以,太平禅寺是盛唐时期文人墨客向往之地、百姓大众祈福之所。

太平禅寺能够名震江海，还由于它与南宋抗元领袖、著名爱国诗人文天祥有不解之缘。

南宋恭帝德祐元年(1275年)元兵南下，文天祥在赣州组织义兵保卫临安，次年任丞相，在与元兵谈判时被扣留。1276年3月间，乘隙从镇江逃出，越过长江，经真州、维扬、高邮、海陵、海安、如皋，最后抵达通州(今南通)，居住五十天。文天祥抵通州后，常骑爱马至太平禅寺与方丈畅谈佛法纵古论今。1276年闰3月17日，文天祥离开通州南渡抗元那天下午，还专程骑马去太平禅寺向方丈告辞。清代姜长卿作有《崇川竹枝词(丞相渡)》"海滨渔父识孤臣，应是英雄变姓名。芳草夕阳丞相渡，天南何处梦江城。"其后附说明为："文忠烈渡海处在城南十五里观音山，公有赠送渔父诗，载州志。"可见，太平禅寺是文天祥南渡汪洋的起始点。

如今，观音山留有文丞相洗马池，曾被列为观音山"天竺十景"之一。相传文天祥的坐骑甚为节烈，他南渡之后其马鸣声悲怆不食而亡，被人称为"义马"，死后葬在太平禅寺内池畔"义马墓"，为如今瞻仰者必至之景。

民国《南通县图志·杂记》中，中国近代第一城之父、慈禧钦点最后一位状元、通州人张謇撰写《名贤留迹记》中记载："今观永市犹有文丞相马墓。嗟呼，名固愈久而益真，抑久而尤难也。"张謇并有诗《文文山马墓诗》云"主人为国能致身，马报主人如主人。马骨一寸千斤银，埋金有光墓上尘。"落款"过墓朝朝横目民"。

太平寺景色也有独特之处。如时任通州判官及都转运盐使司置佐官的史立模所写《游观音山寺》诗所现："郊原秋色正平分，胜地来游酒一樽。不是醉翁真为酒，可须乐事共论文。当檐海气靡靡动，排坐禅香冉冉云。回首城楼刚十里，画船凉月欲黄昏。"明代嘉庆八年(1529年)史立模因抗疏谪被贬通州。其素为敬重先贤，故此次重游观音山，应僧正司(僧官)和太平禅寺住持能秀法师重建"文丞相词"之邀，欣然自捐俸金三千贯，鸠工庀材重建了"宋少保右丞相兼枢秘史信国公大谥烈文天祥词"。

民国时期，太平禅寺走向衰颓。据1918年《通海新报》报道，1917年太平禅寺曾被寺院某些劣性执事变卖一空。日寇侵华寺院又遭日军纵火焚烧。1946年，国民党全面内战寺院毁于战火。

1992年5月，观音山太平寺恢复重光，并于原址毗连处征地30亩重建。五年后建成了山门、天王殿、大雄宝殿、讲堂、寮房、客房、钟鼓楼等，其中镇守寺中央，占地七百平方米，高近二十米的大雄宝殿，成为南通佛殿之最。

如今太平禅寺，黛瓦杏墙青松翠柏，辉洒伊阙光照佛阁，朝之腾氤氲之气，晚之绕雯霭之云。

太平禅寺宝殿西侧佛坛供奉着全国绝无仅有的25尊玉佛。玉石全部产自缅甸瓦城。缅甸极乐寺的部分华侨信徒一直怀揣欲为内地寺院捐赠25尊玉佛供养的宿愿。千年古刹的太平禅寺有幸承此殊荣。

当时，最大的玉佛重达30吨，运输的车辆超高、超宽、超重，途中千辛万苦，路遇千难万险。在文定法师的精心指挥下，费时一年半，耗资200万，25尊玉佛安然运抵安奉成功。

淮安古镇湖·闻思寺

闻思寺位于淮安城(今楚州)西北隅古运河畔河下古镇湖嘴大街旁。

闻思寺始建于宋代,曾取名为“通源寺”。据《淮安文献丛刻续纂·淮关统志》卷十二《古迹》记载:“通源寺在关署东新路北。即古大悲庵。创始于宋。至前明,吏科都谏胡应嘉延僧圆慧鼎建。万历五年,淮安知府邵元哲改名通源寺。慧二世孙如安重修。刑部周三锡建妙法堂,立十方常住。知府宋祖舜、大参高登龙置田,供佛斋僧,有记。乾隆甲午,河溢被冲,祠倾像坏。四十二年,住持僧悦贤募化重修,余亦捐资相助,殿宇增新。”由此可见,闻思寺前身是宋代的古大悲庵。

宋代,曾有僧人兰盂师太前往古运河畔创建尼姑庵,她建立清规戒法,为寺庙取名“大悲庵”。相传,宋代期间古大悲庵住持兰盂师太精通医理且广施恩泽于民,经治病人无不手到疾除,一传十而十传百,加之寺院即临漕运关卡及纲盐集散地,南来北往的客商路经此地,都会顺道闻思寺烧香拜佛求签,以求神佛保佑旅途平安生意发达,使得古大悲庵香火益发旺盛。

大悲庵历经宋、元、明、清,由于位于里下河地区水患兵灾不断,其间几兴几衰,特别是元、明时期黄河多次犯难也淹没了大悲庵。明代万历五年(1577 年),淮安知府邵元哲出资修复寺院并将寺院改为僧院,取名“通源寺”。明代万历四十二年(1614 年),定慧寺住持悦贤和尚化缘大力修整尤其加固防洪，寺院面貌才逐渐恢复如初。

清代康熙四十四年(1705年)，圣祖玄烨皇帝第二次下江南巡视，途经淮安府(今楚州)河下镇时钦赐寺名为“闻思寺”，一直沿用至今。清代顺治年间(1644—1660年)，闻思寺住持为注公法师。到了康熙年间(1661年后)，注公法师传位于聚用法师住持寺院。

聚用法师与江淮一带文人贤士多有交往，由此，四方信徒争相前来顶礼朝拜，淮安关榷使高恒也虔心皈依，常常布施数千金用以整修大雄宝殿、装金佛像，因此闻思寺逐渐香火益盛，寺中僧徒增至百余人。清代乾隆十三年(1748年)，承聚用法师之命，涵空法师继任闻思寺方丈，重新建造了地藏大殿以扩大院寺规模，后又置田若干亩，以所产粮食用作寺中开支及僧众日常生活资费。

道光二十五年(1845年)，闻思寺住持海忍法师邀同廪生许炜，在闻思寺内成立了“瘗骨惜字会”，收集当地士子们所弃字纸，令寺僧逐日登记并置焚字炉，以警士子不可随意丢弃字纸以爱惜笔墨。道光二十五年(1845年)，有亲近佛教者为闻思寺募资置田四十八亩。

闻思寺僧人才华出众、闻思亦如寺名。当时，闻思寺已为淮安名刹之一，历代方丈住持大多知识渊深，文人墨客亦乐于与之往来。比如，眼文法师担任方丈期间，当地的士大夫多与其交往，教师接待一以真诚，凡登座说法、演扬内典与古德公案，随处都成佛理道气。源长法师担任方丈期间，精持戒律同时还无问寒暑、善写丹青，他最爱墨绘雪中寒梅，禅寂之意幽深。西华法师担任方丈期间，其貌古而性朴，善草书工诗词并与淮安文人雅士互有投赠。西华法师以佛通俗，如其所作《岁暮》诗所云：“一钵度残年，随缘乐自然，行看流水去，闲抱白云眠，不羡当途势，休谈往昔贤，逍遥游物外，别有一重天。”

清代康熙三年(1664年)，淮安籍进士杨光曾的后裔杨寿恒博学好古，尤以诗文有名，也曾经常立于闻思寺戒坛讲学，每每引来听众百数十人。

闻思寺襟河面湖烟波浩渺，鸟语花香诗情画意，环境十分幽静闲逸。从古运河湖嘴御码头处，走下古运河堤，沿着曲径就可抵达闻思寺山门。2006年6月，闻思寺进行了较大规模的复建。

如今，闻思寺已建成三层五间大雄宝殿、三间天王殿、东西各十八间侧殿、钟亭鼓楼、法物流通处、寮房、停车场。所有殿堂全部彩绘，殿堂里的佛像全部由缅甸进口白玉石雕制而成，堪称苏北第一“玉佛寺”。重建后的闻思寺，古朴壮观，法像威严，花木相映，功能齐全，成为苏北地区规模较大的佛教寺院之一，不仅满足了本地信众信仰需求，更吸引了外地信众游客前来楚州拜谒观光。

连云港白虎山·碧霞寺

碧霞寺位于连云港市海州白虎山东麓。

碧霞寺始建于元代泰定年间(1324—1327 年)。据《嘉庆海州直隶州志》卷第二十九记载,海州建有“东岳庙”。该寺据张峰《州志》记载“在白虎山之左”,据《陈志》记载“在州城西南白虎山东,始自元泰定六年,后因兵废,明洪武三年知州陈德辅重建,崇祯间僧朱寿极复建。”由上可知,碧霞寺自元代始建、明代重建及复建,尤其清嘉庆年间(1796—1820 年)《州志》记载为东岳庙,主祀泰山神东岳大帝。因此,直到清代中期碧霞寺的前身乃为道观而非佛寺。

原先,东岳庙建于白虎山山顶,时常遭受雷电交击,于是终于从山上迁到山下。搬至山下之后,人们发现东岳庙中碧霞娘娘灵应了许多,于是求子求福求平安的信众虔诚倍至,时有州民捐田捐钱捐物,香火越办越旺。与此同时,在这次搬迁过程中,山下的信众们将佛像请入庙中供奉,则发现寺中佛祖保佑变得十分灵验,于是香火越来愈旺,每逢四月初八佛诞日、腊月初八佛祖成道日等佛教节日,碧霞宫都举办“浴佛节”,更是万人云集顶礼膜拜。东岳庙的人气日渐旺盛,带动了当地物资贸易交流,渐渐地烧香敬佛的庙会也演绎成为了一个定期举行的物资交流大会。东岳庙庙会名气越扬越远,海赣沭灌、皖北鲁南,方圆几百里无人不知。久而久之,东岳庙也居然形成了连云港地区规模最大的民间庙会,一直延续至今有三百多年。

在此期间，因为东岳庙也同时供奉佛祖，所以后来东岳庙也逐渐被人们改称为“碧霞寺”，成为了一座佛道信仰合一的民间宗教场所。

碧霞寺随着日进斗金，寺院财力逐渐雄厚起来，寺院也得到不断修葺，到了民国期间，整个寺院流光溢彩雕梁画栋，信众众多香烟袅袅，成为了海州地区最大的佛教寺院。

历史上，连云港市海州区是个闻名遐迩的古城，也是秦始皇东巡立石“秦东门”之所在。海州区境内山川纵横风光秀丽，古迹众多秀绝江淮，白虎山山体像一只卧伏的虎，白虎山怪石嶙峋多肖走兽之形。白虎山高三十五丈，周围二里，虽为弹丸之地却层峦叠嶂气象万千，文人忘返墨客流连。唐、宋、元、明、清、民国六个朝代中，共留下白虎山壁大小摩崖碑刻三十多处，其书体纷繁琳琅满目，真草隶篆样样皆有。山顶上更有海州知州张叔夜于宋宣和三年(1121 年)书写的“登高题名碑”。碧霞寺这座古刹浸润在浓郁悠久古文化之中，透射出古刹的灵幽之气。

如今，年久失修的古刹被修整得焕然一新。新修的殿阁梵宫深邃，“大雄宝殿”“天王殿”“藏经楼”规模宏大，尤其“大雄宝殿”在风格上恰如普陀山寺风光再现，殿中供三如来佛像高居莲台，两壁十八罗汉各具形态，殿背供海岛观音一尊，善财龙女分立两旁，背景为菩萨三十二应化身，泥胎彩绘庄严绚丽，殿后壁两边分别供奉着一跨青狮文殊和一骑白象普贤两位菩萨。庄严华丽的两重“天王殿”殿，歇山顶而飞檐翘角，上饰瓷制四凤十龙颇具闽南建筑分格，殿中供奉弥勒金像笑看四方，背面韦陀法面庄严，两侧四大天王威严站立。这些新建筑与原有古建筑连成一体后，形成了一个占地面积大约有 1000 平方米的规范寺院。

连云港花果山·海宁禅寺

海宁禅寺坐落于江苏省连云港市花果山南麓。

海宁禅寺始建于唐代，重修于宋代，敕赐于明，鼎盛于明清，历史上是一座富有浓郁地方色彩宗教道场，其特点是佛道并奉、多位僧人共同住持。

据记载，明代宪宗成化元年（1465 年），有一位自称“鲁王孙”的清风禅师持钵到此，见此处山水幽峻可以栖禅，便生喜爱而募资扩展已经凋零的庙宇并重塑金身。清风禅师道行卓著，后人为纪念他便将花果山前顶最高处称之为“清风顶”。之后，清风禅师依次传钵于净善、道融、德连等禅师，寺庙香火日益旺盛。明代神宗万历十五年（1587 年）六月，淮安善士谢淳削发入庙为僧，取法名“德证”，其毁家独资兴建了“三元宫”庙宇群。明代万历二十二年（1594 年），寺院又重修了大佛寺、大仙庵，与原先建造的三元宫合并一寺，更名为“海宁禅寺”。

从明代万历十五年（1587 年）至万历二十四年（1596 年）九月，历经九年，海宁禅寺建成“三官殿”三间、中殿三间、山门三间，庙宇相望钟鼓相闻，梵宫贝阙金碧辉煌。晚明时期，花果山海宁禅寺的三元宫已跻身于全国佛教名山名寺行列。明代万历三十年（1602 年）九月初六，神宗皇帝朱诩钧“发诚心印造佛大藏经颁施在京及天下名山寺院”，敕赐寺名“护国三元宫海宁禅寺”并两次颁赐《大藏经》给“云台山青风顶三官庙住持及僧众人等”，并派钦差大臣太监陈增护送《大藏经》到海宁禅寺。这份圣旨原件至今被收藏于连云港市博物馆，圣旨碑被立安在斗战胜佛殿（原“玄奘纪念堂团”圆宫）内，这部《大藏经》现存于山东济南图书馆。而海宁禅寺从此声名远扬，淮泗沂沭一带朝山进香者不绝于途，花果山便被誉为海内“四大灵山”之一。

清代顺治十八年（1661 年），清世祖爱新觉罗福临在位最后一年，他出于对前明复辟和倭寇骚扰的畏惧，实行了严酷的裁海政策，花果山遭受坚壁清野，全部庙宇被拆毁，僧徒及附近居民被内迁，三元宫也倾圮于一旦。康熙皇帝亲政后的十六年（1677 年）实行复海政策，海宁禅寺也随之得以重修。清代康熙三十一年（1692 年），康熙皇帝亲书“遥镇洪流”四字颁赐三元宫。清代乾隆二十一年（1756 年），乾隆皇帝敕赐“东海云台胜境图”。经过历代高僧大德辛苦开山经营光大佛法，花果山寺庙群规模逐渐宏大起来，遂成为苏北、鲁南一带佛教重镇，誉有“淮海第一丛林”之称。二十世纪初，海宁禅寺虽历经战火，宝殿崩塌偏殿倾覆，墙被蒿艾寮罗荆棘，却雄姿依旧。可惜，抗战中海宁禅寺毁于日军炮火，建筑及珍贵文物几近荡然。后又经“文革”浩劫，海宁禅寺佛号止息钟声罕闻。

花果山属云台山系，最高峰玉女峰海拔达 625 米，号称“江苏屋脊”。花果山山崖壁立层峦叠嶂，飞瀑直下漱玉喷珠，花草繁茂古木参天，曾为海宁禅寺提供了得天独厚的湛然环境。1979 年，地方政府拨款按明代布局重兴海宁禅寺寺宇。1993 年，海宁禅寺作为佛教活动场所开放，昌鉴法师率领四众弟子募缘增饰殿宇佛像，凿池建亭广植花木，使千年古刹焕然一新。2001 年 9 月、10 月间，海宁禅寺为“《西游记》节”举行了盛大的“迎请唐玄奘法师顶骨舍利供奉仪式”，海内外嘉宾和四众弟子万余人前来瞻礼。2004 年 8 月 28 日，海宁禅寺五百罗汉堂落成、斗战胜佛开光暨昌鉴法师方丈升座庆典。2008 年 12 月，可供五十余人住宿的海宁禅寺培训中心“倚天阁”建成投入使用。2009 年 3 月 18 日（农历二月二十二日），投资 400 万元、古朴雄宏的“自在天独院”落成，暨大雄宝殿大佛金身重塑开光典礼在花果山举行。

至此，花果山海宁禅寺已经形成一个完整的建筑群。广大游客和佛教信众在晨钟暮鼓中，处沽恭安，朝夕礼诵。海宁禅寺以江苏省重点寺院的地位恢复历史真面目。

盐城射阳万寿墩·海慧禅寺

海慧禅寺位于黄海之滨江苏省射阳县特庸镇东南，坐落在万寿墩风景区中央。

海慧禅寺始建于清代同治初年（1864 年）。相传建庙之前原庙址是高墩子，开始有人在上面建了两间土墙茅草盖房子，供起一尊石像和一只香炉。从此，商人路过这里大都买香烛烧纸马供奉神灵，以求出海或行商中海龙王能够保佑平安发财。久而久之，人们开始供奉海都菩萨和眼光娘娘，小庙规模也渐渐扩大，形成了一座坐北朝南的海神庙，取名“海都庙”、“海慧庙”。

建庙初期，当家和尚为释罗平。此后，相继有星慧、觉海、志元、月航，明理法师任当家和尚。相传在建西厢房时，时任当家和尚志元法师曾到江南一带化缘巧遇一富人，此富人原先在海都庙拜过佛，后来发财灵验在到江南发展的，所以他慷慨解囊为海慧庙修建了西厢房。1928 年之后，海慧庙曾被几度扩建，建有砖瓦结构的四合院，占地约五亩之多，四周开挖有三丈宽壕沟护院，正南面架起一座吊桥，走过吊桥，前面是三间前殿，还有树木，后门是三大间后殿，东西六大间寮房，一次可接待香客膳食、茶水和挂单 40 多人。真的一提的是，像海慧庙这样一种四面环濠的寺庙布局为国内即为少见。

1943 年日寇占领花川港，欲在大码头、九里文昌宫、北洋大王庙、三元宫以及海慧庙建立据点。九里墩和大码头伏击战打得日寇吓破心胆,修建据点一事也暂且搁置。当地人民怕日军再来修建,便将海慧庙前后殿、东厢房和吊桥都拆掉,把壕沟也填埋了。解放后,海慧庙庙址被改为学校,“文革”期间神像烧毁,石像香炉流失。

2009 年 5 月当地政府复建海慧庙并改寺名为“海慧禅寺”。同年 7 月,礼请印圆法师为寺院复建后的第一任住持。

印圆法师刚来到海慧禅寺时,寺院只是一片荒地百废待兴。法师愿心坚固,誓尽全力恢复海慧禅寺,于是不停奔波于全国各地化缘募捐,为筹集重建资金历尽辛劳。2009 年 10 月大雄宝殿奠基、观音殿开工,仅用三个月观音殿落成。经过一年多筹备,大雄宝殿暨“万佛城”于 2010 年 9 月开工。如今,海慧禅寺现占地面积共 260 亩,建筑面积 100 多亩,初步形成集佛教文化传播、休闲、度假、旅游、园林景致观光为一体的苏州园林式寺院。寺院中两层大雄宝殿,长 37 米、宽 31 米、高 25 米,底层为“万佛城”,上层为殿堂,气势雄伟为射阳之最,全殿堂供养汉白玉佛像,实属国内珍贵难得。

印圆法师修为高尚,长养慈悲。2011 年元月,印圆法师把特庸镇敬老院的孤寡老人请到寺院,并于 22 日在上海举行“慈悲、敬老、感恩”为主体的海慧禅寺新年团拜会,印圆法师带领僧众用实际行动体现佛法慈悲喜舍的精神,承担了济世度人的社会责任。

盐城东台范公堤·龙王古寺

龙王古寺位于盐城市东台县沿海“范公堤”附近。龙王古寺始建于北宋仁宗天圣二年(1024 年)。

东台地区岸临东海，素为鱼盐之乡，却又时常遭遇海潮侵袭。海潮来时东西两潮于此处交，正似双龙相击雷霆万钧，激浪直上云霄，故曰“两分水”，潮至如万马奔腾势不可挡，卷舟直没水底。潮水抵达海岸势如迅雷，三四人高，淹岸数十里，人畜皆不得幸免。于是人人畏之，建庙祭神日趋普遍。

唐代淮南黜陟使李承，曾经在东台一带海岸上修筑了常丰堰，但长年失修。宋天圣二年，著名政治家文学家时任西溪盐仓监的范仲淹，发兵夫四万，扩建加固海堰以挡潮势。然而，海潮如猛龙难驯，陆续淹死二百余人海堰依然无法不成，于是民众四方发愿祈佛救世。传说中，天降神龟以定海疆，化身为岛托起一片沙洲，人们便“龟岛”的两个“前掌”上分别建筑了两座寺庙以震慑海龙王。于是，东台有了一座“龙王寺”和一座“护国寺”。

龙王寺建成之后，修堰得以继续进行，终于在范仲淹因家中丧事离开东台之后的宋仁宗天圣五年(1027 年)修成了。当时，接替范仲淹修堤的是他的上司泰州知州张纶。明代以后，人们将这座海堤称为“范公堤”，给张纶立了生祠。

1930 年代初，东台周边地区渔民为了祈求平安出海捕捞自发修葺了龙王古寺，在出海前渔民们都要来拜奉龙王菩萨，并渐渐发展成当地民俗，因此龙王古寺长年香火旺盛。龙王菩萨也成为国泰民安、风调雨顺的护法神。1944年，龙王古寺在抗战中被日军侵占时拆毁，后十方信众再自发修复。

2003年龙王古寺住持法海法师发心重建，经过3年的努力古寺再现辉煌，整个寺院寺宇殿堂楼阁盘亘交错，殿内新塑佛像法像庄严栩栩如生，既体现历史面貌又显现代风格。

长期以来，东台沿海周边地区渔民非常看重佛祖训龙、龙受五戒、佛卧海边传说，渔民们出海前都要前来龙王古寺拜奉龙王菩萨。龙王菩萨也成为国泰民安、风调雨顺的护法神。龙王古寺新近建成之后，常年香烟缭绕，朝拜者络绎不绝。寺内一座长128米、高25米的卧佛殿内，供奉着由优质香樟木精雕而成、长38米及高16米的亚洲第一木雕卧佛，整个卧佛不驻不腐，樟香扑鼻禅意浓浓。此卧佛即释尊入于涅槃状，故又称"涅槃像"、"睡佛"或"寝释迦"，所示现的是佛身永恒常驻、不随肉体示灭而消失，开示人们应当了解缘起而超越自我、解脱烦恼。

龙王古寺还建有长达200米，总建筑面积2万平方米的五百罗汉堂。堂内每尊罗汉均按真人比例塑造，并用999纯金敷贴罗汉金身，神态各异栩栩如生，而且，每尊罗汉均有20平方米的独立空间供奉，堂上为清代故宫式彩绘梁顶，堂内供桌香案一应俱全，气势恢宏在国内范围首屈一指。

南京浦口狮子岭·兜率寺

兜率寺位于南京市江北老山中段狮子岭。

兜率寺始建于明末清初，先取名“狮子林道场”。明代江浦高士郑聘之季子郑继蕃，少年受家父熏陶，潜心理学，曾经著有《庐言守绝》一书中年因不满朝政，乃精研释典，削发为僧，取法名“白药”，人称“柏庵和尚”，创建狮子岭道场，清代光绪年间改名为“兜率寺”，初建时建有殿堂五间。

梵文“兜率”意思是受乐知足而生欢喜之心。据《普翟经》云，“其兜率天有大天宫，名曰高幢，广长二千五舌六十里，菩萨常坐此为诸天人敷演经典”。由此观之，寺以“兜寺”命名亦可窥创建者拟以“传经布道、敷演经典”为宗旨之初衷，可谓用心良苦也。

狮子岭位于街道城西 7 公里，于大刺山与西华山之间，高 363 米，峰峦起伏，状如卧狮，竹林葱茏，环境清幽。所以，清光绪年间改建为寺后，兜率寺一直以“兜率”之意，既无围墙山门，又无大殿塔楼，只有以藏经楼为主体的经堂寮房建筑，长期保持着经院式自然天成的寺庙特色，在全国诸多寺庙中尚不多见。

清末民初，兜率寺名声日振，香火旺盛，各方僧侣云集寺中尚达百余人，一时成为江北名刹之一。至抗日战争前夕，寺院计建 104 间，其中瓦屋 73 间、草屋 31 间，钟、鼓、法器俱全，藏有频迦藏经全部及各种经书数千卷。“文革”期间，兜率寺名存实亡，僧侣全无，香火灭绝。

由于兜率寺雄居深山，空灵僻静，以研经养道为始终，寺庙周围更是群山环抱古木参天，前有狮子球后依卧尤姿，远眺长江水近观万木林，故明清以来时有高僧大德往来于此演经习道。

寺内曾有一木质对联发人深省，上联是“世间重任实难担，狮子林中也好息肩聊倚石”，下联是“天下长途不易走，兜率寺里何妨歇脚漫斟茶”。此联对仗工整，深入浅出而提示佛门哲理，也暗示出兜率寺为难得的修道养心圣地。

兜率寺 1961 年之前归属老山林场管理，之后兜率寺从老山林场划出单独生产生活。1962 年 8 月老山林场与兜率寺签订了《山林管理合约》，双方达成协议：场方划交寺方经营管理山林面积为 800 亩，其中杂木林 668 亩，淡竹 100 亩，茶园 32 亩。目前，兜率寺占地面积 35 亩，已建成山门、大雄宝殿、天王殿、玉佛殿、三圣殿、藏经楼、东院门寮房及其他辅助设施。为了满足广大信徒的愿望，兜率寺于 2003 年下半年开始在寺院藏经楼后山腰建成一座狮子岭标志性建筑——七层佛塔“大慈塔”。近年来，在寺院住持圆霖法师的苦心经营下，因陋就简却使得香火日益繁盛起来，逐渐成为浦口区第一大寺院，并被列为新金陵四十景之一。

圆霖法师（1916—2008），俗姓杜，名振山，笔名大雄山人，别号山僧，安徽濉溪人。1982 年起担任兜率寺住持以来，对兜率寺原有古建筑进行修复、翻建。圆霖法师工于笔墨丹青亦工书法、尤其善于佛教人物造像，兜率寺建筑中的大部分佛雕像、佛画、题款等多由其亲力为之。圆霖法师佛事之余还坚持每日挥毫写字作画，一生作品数以万计，栖霞寺、鸡鸣寺、泰山庙等寺院均藏有他的墨宝。圆霖法师生前，每遇慕名而来的信众居士求请书画，法师都不辞辛劳满足所求。香港、台湾及美国等地佛教界人士也常常请他赐书画。如今，寺内许多佛像也是他亲手所塑。2003 年 1 月，上海画报出版社还出版了《山僧圆霖书画集》。

兜率寺周围是一望无际的狮子岭密林。岭上有文殊洞、天门洞、笔宝峰、罗汉迹等名胜与兜率寺交相辉映。狮子岭不但环境优美，风光秀丽，而且盛产竹木、茶叶和药材，所产云雾茶色绿、味清香。各种名贵药材有太子参、沙参、党参、当归等 20 余种。

南京仪凤门·静海寺

静海寺位于南京城西北部狮子山下。

古静海寺初建于明代永乐年间，为明成祖朱棣为褒奖郑和七下西洋使海外平服的航海功德，祈望海神护佑，同时为存放郑和从异域带回来的罗汉画像、佛牙、玉器等物品以及奇花异木等而敕建，并赐额"静海寺"。

据明葛寅亮《金陵梵志》记载："卢龙山静海寺，在都城外，南去仪凤门半里，所统天界寺二十里，西城卢龙山之麓。文王命使海外，平服诸番，风波无警，因建寺，赐额静海。"据明俞彦所撰《静海寺重修疏序》记载："文皇帝践祚，海夷西洋，尚逆颜行，爰命专征，艨艟千计，战士帅属以万万计，乃折鲸鲵飓涛弱浪之外，楼帆无恙，获所贡琛异以归，岁奉朝朔，皇灵震荡。说者奇其绩，谓为神天护呵，合建成寺酬报。诏可，赐今额，遂为名刹焉。"

清代康熙年间《江宁府志》记载："静海寺在仪凤门外卢龙山之麓。明永乐年间，命使海外，风波无警，因建成寺，赐额静海。"清代陈文述《静海寺诗并序》记述道："静海寺在仪凤门外，卢龙山西。永乐以海外平服，因建此寺。按永乐命内监郑和等统舟师，遍历西蕃诸国，藉访建文踪迹。今刘河天后宫有通蕃事迹石刻，此寺其流亚也。"

当时朱棣赐额"静海寺"，取意为"四海平静，天下太平"。而郑和从海外引进的花卉，植于静海寺中，李时珍著《本草纲目》时，对番药、荑果部内容的修订、补充，就来源于对静海寺植物的考察。郑和还把从海外带来的精美绘画作品、水陆罗汉像陈列于静海寺。所以，早在明朝，静海寺就成为了一座“西洋博物馆”。

古静海寺建成后，以其宏大规模、用材精良和不同凡响的气势，在南京八大寺院中位居榜首。此寺仿清庙宇建筑，黄墙红柱，青瓦飞檐，斗拱交错。寺内前为过殿，中为大院，后为正殿，其屋脊两端雕有一对鱼龙，巨口吞脊修尾高翘，出檐处饰有麒麟等吉祥物。寺中还辟有一院，院内假山植梅竹，卵石铺满地，池水荡碧涟。静海寺北倚狮子山，东接天妃宫西临护城河，寺院内建有大雄宝殿及天王、观音、伽蓝、轮藏、弥勒、祖师等殿宇，还有潮音阁、钟楼、井亭、华严楼、玩咸亭等建筑共80多楹，规模宏大气势恢宏，可谓金陵名刹。郑和晚年曾在此生活过。

古静海寺规模宏阔，占地三十亩，还有公产田地塘二百多亩。据清代《金陵梵刹志》记载，静海寺建有殿堂金刚殿三楹、左钟楼一座、右井亭一座、天王殿三楹、正佛殿三楹、左观音殿三楹、左伽蓝殿二楹、右托藏殿三楹、右弥勒殿三楹、祖师殿二楹、潮音阁五楹、左华严楼三楹、回廊二十楹、玩咸亭一座、方丈一所十六楹、公学三楹、僧院四十房、正门一座、华严楼三楹、禅堂左右两堂共六楹、十方堂三楹、茶厨房及旧禅堂一所。清代名士甘熙在《白下琐言》记载有：“仪凤门外静海寺，明永乐建，规模宏阔，础石大若车轮，润如苍玉，柱皆数围，或云沉香木为之，其实钟山南木耳。”

静海寺在历史上曾几毁几修。明正德年间重修静海寺，据《静海寺重记略》记载：“狮子山之阳，有静海寺焉，鼎创岁深，蛊坏日甚。用浮图故事，费出募缘经营三载，厥功告孱，凡为殿四，堂六，亭亦四。若门，若阁，若楼，若方丈室各一，若画廊以间计则四十……”据《郑和下西洋资料汇编》记载：“南京静海寺，自永乐初创筑后，至正德、万历、乾隆间三经重修，于道光十二年被火焚毁。嗣后再经重建，道光二十二年第一次鸦片战争失败后，即在此寺签订中英南京条约。在太平天国战争中，静海寺再度被毁，事后又由静安和尚再行募修……一九三七年冬，日军进攻南京，此寺于是年十二月十日大半被毁……仅存方丈室六间，念佛堂五间，其临街(绥远路)大门‘静海律寺’四字，亦尚存在。”

曾几何时，静海寺香客如云，法轮常转。不幸的是，1842年鸦片战争期间，清政府迫于英帝国主义坚船利炮淫威，与英军在古静海寺内议定丧权辱国的不平等条约——《南京条约》，割让了香港岛。静海寺也因此与香港有了特殊的历史联系，成为中国近代史起点的象征，也成为了如今爱国主义教育的生动课堂。

1990年，静海寺复建。为迎接香港回归，政府拨款和社会捐资达六百多万元，在古静海寺原址上辟建了 2100 平方米的《南京条约》史料陈列馆，铸造“警示钟”。该警世钟造型沉稳端庄色泽古朴，主体高度为 1.842 米，象征着香港于 1842 年被割占，钟的顶端为一“火球”，高 7.1 厘米，象征着香港于今年 7 月 1 日回归祖国。

清代黄幼元写的《静海寺》描述道：“明河千尺水，江树此悠悠，月影沉无际，天光停不流。鱼龙黄石外，鸥鹭白苹头，何处客边棹，芳莲叶上舟。”清代康熙年间《江宁府志》卷三十一《寺观》描述道：“天地已如此，江流不暂停，椒兰怪曲水，沙石见明星。双桨开蒲路，千山响结亭，塔铃初静处，夜气入荒汀。”清代《秣陵集》卷六描述道：“楼船万里剧苍茫，竟欲乘槎览八荒。龙去定知归海岛，燕飞终是怯斜阳。纵令绝域图王会，从此兵权属办珰。太息深宫枉心计，长陵蔓草不胜长。”静海寺至今依然引人入胜。

南京白鹭洲·鹫峰禅寺

鹫峰禅寺位于南京白鹭洲公园东北角。

鹫峰禅寺始建于明代英宗天顺五年(1461 年),为纪念唐朝名僧鹫峰禅师而得名。

鹫峰禅寺原址为东晋时东府城所在地,亦为南朝梁、陈时期大臣及诗人江总的住所。唐代玄宗开元年间(713—741),刺史颜真卿在白鹭洲附近建置了一处放生池。南宋孝宗淳熙年间(1174—1189),侍刺史正志将放生池移至白鹭洲内,并在洲丘上面建起楼阁。明朝英宗天顺(1457—1464)年间,该楼阁逐渐成为佛教寺院,最终皇帝赐名"鹫峰禅寺"。

当时,鹫峰禅寺属于中刹,下领廻光寺、千佛庵、大中正觉庵等佛教建筑,还有礼部尚书邹干撰的《鹫峰寺碑记略》、葛寅亮写刻的《复修颜鲁公放生池碑》等著名碑刻,后均不存。清代乾隆末年(约1795 年),达宗禅师花费了十多年时光进行了修复。清代嘉庆年间(1796—1820 年),性海和尚在此主讲《华严经》。清代道光年间(1821—1850 年),鹫峰禅寺被改为救济孤寡老人的"老民堂",这时已有几分衰败。1930 年代经风雨侵蚀又遭火灾,且遇南京市内火车道从鹫峰禅寺中心地带穿过,原寺的规模被挤压得更加狭小。至1949 年前夕,昔日香火甚旺的古刹只剩一些破屋。1949 年后沦为普通民居。1993 年经整修,寺庙恢复一新乃至香火日渐旺盛起来。

鹫峰禅寺的原有建筑布局依丘伴水,悠然寂静。《金陵梵刹志》

中明代礼部尚书邹干所撰写的《鹫峰寺碑记略》有这样的记载:“佛殿三间,翼然严正,檐牙栋宇,远近相望。殿之前四天王殿,殿之后有毗卢阁。左庑之半建观音殿,簇以画廊二十余间。右庑之半建藏经殿,亦簇以画廊二十余间,俱彩绘其壁。东廊之前为钟楼,西廊之前为鼓楼,树碑铭。又于正殿之东辟地数亩建佛堂,方丈以为讲经之所。饭僧有堂,祈福有所,栖僧有寮,退居有舍。池塘绕其后,金城抱其左。”由此可见,鹫峰禅寺具有自己的独到之处:

一是与美丽的山水园林融为一体。据《东城志略》记载:“鹫峰寺后有颜鲁公放生池,溪云芦雪,秋景绝佳,石上镌擘窠字,曰‘鱼极乐国’”。

二是几度衰败却几经修整,得益于平凡僧人与普通百姓们。明代曾有明彻和尚住持鹫峰禅寺,他尤喜花草,常在庭前种植牡丹、芍药等,每年初夏时节以竹桶贮水插以芍药,安放绿丝之中,十分鲜妍。清代道光十五年(1835 年),寺宇被改为老民堂后行将圮废,乡人甘静斋、冯群耀等率先捐资重建,并在殿前台基上围以石栏,极为坚固。工程竣工以后,太仆蔡友石撰记、学使祁春浦书碑,记载了鹫峰寺中兴的盛况。

三是高僧驻锡使之兴旺。清代乾隆时期(1736—1795 年),高僧达宗禅师前来营建了“毗卢阁”上下五楹,导致该寺走向中兴。清代嘉庆年间(1796—1820 年),性海禅师来此主讲《华严经》,律行精严并持银钱戒,导致寺内香火又趋鼎盛。

清代乾隆六十年(1795 年),净土宗大德达宗老和尚与徒弟脱凡长老,也相继在此专弘净土,教化一方,盛名远播。

明清时期,鹫峰禅寺为金陵一大景观,古典小说《儒林外史》中就有“到鹫峰禅寺吃茶”的故事。书法家王铎、文学家焦竑在此留下诗文、墨迹。

第七章　僧才经院

中国佛学院灵岩山分院·栖霞山分院

中国佛学院灵岩山分院位于苏州灵岩山寺。

中国佛学院岩灵山分院创建于民国晚期，当时妙真和尚创办有灵岩山寺“西有研究社”。1948年，西有研究社被扩充并更名为“灵岩山寺净宗佛学院”，第一期收纳学僧48名，当时担任教学工作的法师大多毕业于宁波观宗讲寺，其中有碧林、莲因、化东、梵光、种莲等法师，分别讲授《弥陀要解》《四教仪集注》等天台、净土课程。当时的方丈妙真和尚也曾经是宁波观宗讲寺学僧。因此，灵岩山一直传持“教遵天台，行归净土”的传统。灵岩山寺净宗佛学院于1959年后停办。

1980年，由明学大和尚提请，在赵朴老的建议下，灵岩山开始重新开办并更名为“中国佛学院灵岩山分院”。当时办学条件设施十分简陋，学僧们都睡广单，生活条件艰苦。

当时的佛学院院长是中国佛协副会长明炀法师，常务副院长为中国佛协咨议委员会副主席、江苏省佛协副会长、灵岩山寺方丈明学大和尚。明学大和尚在分院开办时明确提出印光大师及前代诸上人共立的“教遵天台、行归净土”八字办学方针，并由此形成三十多年来一贯继承的教学体制。因此设置课程有天台宗、净土宗、律宗、佛教史、佛学概论、梵呗及语文、历史、时政、书法等，佛学课占70％，文化课占30％，力争做到“三学并重、五明兼攻”的教学格局。

中国佛学院岩灵山分院曾经试办过专科和本科两个班，后来不再办本科，1993 年试办了一个学制四年的研究班，并于 1995 年正式开办。研究班依照本寺《共住规约》及本院《院规》、《教学大纲》的规定，全面体现“教遵天台，行归净土”的宗旨。

灵岩山寺办学特色继承了印光大师的所定规制而不堕莲风。每届新生入学，首先学习《共住规约》，明了印祖护持道场、扶正匡弊的苦心悲愿。学僧们严格遵守清规戒律而从事丛林生活，鼓励自行礼佛、诵经、念佛等行持，并统一参加每年末的“精进佛七”。安排每周一、三、五诵《法华经》，周二、四、六诵康僧会译本《无量寿经》《观经》《弥陀经》，突出净土信仰中的“信、愿、行”三资粮和天台“止观明静，定慧兼美”原则。课程设置分净土、天台两个宗派，学生根据自己的兴趣及天赋可任选一门作为主修，亦可二宗兼攻。教学以法师主讲、提示、辅导形式进行，学生采用听讲、提问、讨论、独自进行专题研究或自选宗派完成学业等方式参予学习。

中国佛学院的另一所分院——栖霞山分院位于南京栖霞寺。

中国佛学院栖霞分院创建于 1984 年，是一所中级佛学院，其前身是 1982 年南京栖霞山开办的“僧伽培训班”。当时，僧伽培训班由赵朴初居士担任主任、茗山法师任第一副主任。从全国十八个省、市、自治区招收了 185 名学僧。开办当年，第一期培训班举行了隆重的开学典礼，同时举行了茗山法师荣膺栖霞寺方丈升座仪式。

1984 年，中国佛教协会将原南京栖霞山僧伽培训班改办为中国佛学院栖霞山分院，从此中国佛教教育开始走上轨道。经国务院宗教局批准，该院为全国八大重点宗教院校之一，面向全国招生，学制两年，隶属于中国佛学院并为该院提供后备生源。当时由中国佛学院院长赵朴初兼任院长，茗山法师任第一副院长。赵朴初院长曾两次到院作报告，一次讲“缘起论”，一次讲“知恩报恩”，给全院师生以极大鼓舞和教益。

中国佛学院栖霞分院一直坚持爱国主义教育，狠抓教学质量，强调“学修一体化、生活丛林化”，开设有梵呗、丛林知识、戒律学、止观、遗教三经、二课合解、佛学概论、佛典选读、佛教史以及政治、语文、历史、地理、外语、书法、会计等专业课程，其中，佛学课占 70％、文化课占 30％，至今已为中国佛教事业培养了骨干人才千余人。其中，许多毕业僧在各地寺院中担任住持、监院或知客等职务或应邀赴海外寺院担任要职者，有的担任省级和市级佛教协会的负责人，有的进入北京中国佛学院或国外大学继续深造。

中国佛学院栖霞分院副院长茗山法师为江苏盐城人，1914 年出生，1933 年考入焦山佛学院第一届，学习三年毕业，1936 年负笈武昌考入太虚大师所设立的武昌世界佛学苑研究班深造。抗战八年期间，茗山法师在湖南南岳、衡阳、祁阳、宁乡以及长沙等地办理佛教会会务，创办佛学讲习所，及出任过衡阳、宁乡一带的寺院的住持。1946 年初夏，茗山法师返回焦山定慧寺担任焦山定慧寺监院兼焦山佛学院教务主任。

茗山老法师是一位有着多年主持佛学院经验的僧伽教育家。1982 年，他受中国佛教协会委托筹办“中国佛教协会栖霞山僧伽培训班”及 1983 年筹办“中国佛学院栖霞山分院”，并主持学院日常工作十余年间，晚年驻锡焦山定慧寺，究佛义、精诗文、擅书法，著有《茗山文集》行世，有《华严经普贤行愿品讲义》《弥勒上生经讲义》等流通。

（题图为栖霞山分院，灵岩山分院图见本书 11 页）

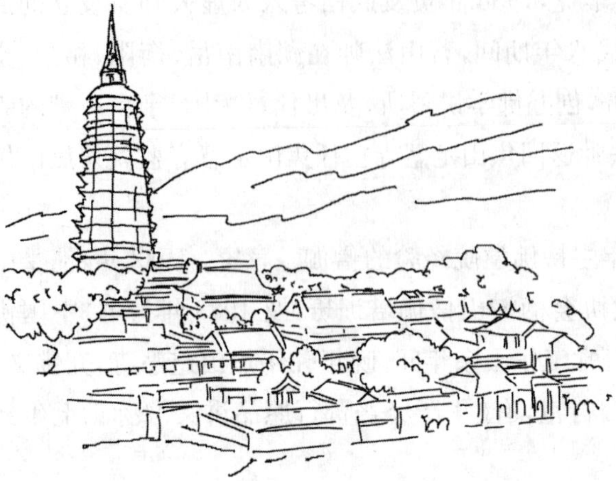

常州天宁佛学院

天宁佛学院位于常州市天宁禅寺内，为一座初级佛教学院。

天宁佛学院创建于清代宣统三年(1911年)，其前身天宁禅寺住持显彻和尚所创建的“天宁禅寺学戒堂”。当时招收了学僧142人，开设了甲、乙、丙三个班，一度成为江苏地区研究与弘扬佛学的主要基地，历任院长为证莲、钦峰、敏智等老法师。

天宁佛学院托庇于当时的江南大寺常州天宁禅寺。在中国四大禅宗丛林中，天宁禅寺是唯一设有讲授禅宗之外教义内容的佛学院，以此区别于以禅修为常课的金山寺、高旻寺和天童寺。

清代德宗光绪二十七年(1901年)，天宁寺庙产受到被朝廷征收的威胁。当时，几位常州士绅拟建一所新式学校，并要求寺院让出部分寺产充作办学之资。为了防止社会侵占寺产，天宁禅寺长老们提出自己办学。于是，以当地儿童为对象，天宁禅寺开办了一所三年制的免费义学学校。

1920年，天宁禅寺曾经举行过一千五百位僧人求戒的大型传戒活动，以纪念1860年为剿灭围困常州的太平军而阵亡的数千名清代官兵。当时天宁禅寺方丈发现，多数新戒比丘所受教育很少甚至为零，因此决定通过佛教教育来弥补这方面的不足。于是，他把义学学校迁址到了离天宁禅寺大约半英里外的一座小寺院，将其改建成一所六年制可容纳六十名学生的“完全初级小学”。而寺院内以前办义学的场所进一步扩充改建成专门研修佛教教理教义的佛教学校，用以向那些缺少教育的新戒比丘教授佛教知识。

当时，为了突出宗教时间的意义，天宁禅寺的方丈拒绝使用“学堂”名称而将这所佛教学校命名为“天宁学戒堂”。学戒堂包括三四间教室、一间司药坊和一间布萨堂。

学僧们每日晚饭后用一小时时间礼佛，每月两次布萨日上必须朗诵二百五十条比丘戒。这两项活动都安排在布萨堂进行，功课包括宝华山律制板堂所制定的戒律正范、唱念仪轨和日常禅修等内容，其教学中心立足于于宗教实践而不是研究教义，教授师为清一色出家人。由此可见，当时的“天宁学戒堂”采用的是一种古老的教育模式。

1931 年，天宁禅寺方丈为顺应时代发展将“学戒堂”更名为“佛学院”，并延请很有办学经验的得一法师前来担任教务主任，课程也按照当时的西洋教学法被安排在六个独立学期(即六个半年)内完成。得一法师特别重视讲授法相唯识学方面的论疏，但也教授其他的一些佛教基本经典。

1938 年，得一法师隐退，毕业于武昌佛学院的天宁禅寺敏智法师接替了他的位置。敏智法师将武昌佛学院的全新教育观念应用到他的办学实践中。为了与国立中学课目相配套，他在课程中增开了一些世俗学科，还引进了一些社会人士前来任教，比如延请当地工厂的工程师教授英语，用唯识、天台、华严等宗派论著取代对基本佛经的讲解学习，另外设立为期三年的继续深造课程。一系列的教学现代化改革，标志着天宁佛学院迈出了时代步伐，完成了从强调宗教实践向强调哲理思辨的教学转变，为以后天宁佛学院成长为中国最大的佛学院之一打下了坚实的基础。

至 1948 年底被停办前，天宁佛学院影响颇巨，学僧最多时达 140 名，江苏各地寺院僧众来天宁佛学院参学挂单者每年多达数百人，许多教理精通、修养高深的高僧大德都曾到过天宁佛学院研经讲学，其中有著名高僧虚云长老、月霞长老、中国佛教协会前名誉会长应慈长老等佛门龙象。

1926 年，民国第一任江苏都督程德全下野后，也曾来到天宁寺皈依冶开禅师受戒并进入天宁佛学院听讲。天宁佛学院前后培养了学僧数百人，有成就者更是不少，其中印海法师定居美国后创立了法印寺，现任美国大觉寺住持，宽裕法师现为台湾弥勒内院住持。

1995 年 3 月，原属于天宁佛学院寺产后被社会占用的房屋全部被收回，天宁佛学院也同时由天宁禅寺正式复办。恢复后的天宁佛学院以轮训寺内年轻僧人为主，暂不对外招收学僧，因此，天宁佛学院办学经费由寺内提供，该寺方丈松纯大和尚兼任佛学院院长。

多年来，天宁佛学院内的"储刊楼"和"刷经楼"一直坚持刻制经版、刊印各种经书并发行海内外。如今，香港、台湾等地寺院所用经书仍有许多天宁寺版本。

天宁佛学院为迄今已有 80 多年历史的两层木结构楼房。其整体呈现为"回"字形、建筑古朴的四合院。

天宁佛学院曾于 1989 年 4 月到 1990 年 9 月间多次修复，目前共有教室僧寮 56 间，面积超过 3000 平方米，楼下有四周环通的内走廊，门厅悬挂着著名书法家苏局仙老先生 108 岁时的手书匾额"学戒堂"。

常熟法界学院

常熟法界学院位于常熟市破山兴福寺内。

常熟法界学院创建于民国六年，其前身为上海华严大学。

当初，月霞法师(1858—1917)在上海哈同花园协助罗迦陵、姬觉弥创办了佛教学校“华严大学”。后来，华严大学移至杭州续办。1917年，月霞法师出任常熟兴福寺方丈，他下雄心在江苏续办华严大学，于是进行了多方面筹备工作。不幸的是，在华严大学正式开办前夕，月霞法师于1917年圆寂。后由继任方丈持松法师(1894—1972)在月霞法师生前筹备基础上创办了“华严预备学校”，后改名为“常熟法界学院”，当时由常熟兴福寺方丈存厚担任院长，一届三年，分甲、乙、丙三班，一直办至1937年结束。

1927年，常熟法界学院创办了江苏地区重要的佛教通讯刊物《晨钟》月刊，发起人和编辑均为当时的高僧贤德。《晨钟》月刊的内容在当时颇具深度，大致分为论说、演说、专件、纪事、通讯和附录等栏目。太虚大师对《晨钟》颇为关注，亲自题词、致函、赐稿。《晨钟》月刊一共出刊了三期，刊登了当时的许多佛教新闻，成为如今研究上世纪二三十年代江苏佛教的主要文献资料。

《晨钟》月刊主要由净严法师(1892—1991年)执笔。净严法师字通西，俗名陈天庆，河南唐河人，19岁进入北京“道德学会”修学佛法。1920年礼太虚大师为亲教师，两年后被送往武昌佛学院学习。

三年后升入武昌佛学院研究部担任预科班讲师，1925 年在开封白衣阁创办“河南佛学社”弘法兴教，注疏立说，他还在武昌东华门创办了“女众林”，在河南的郑州、许昌、禹县及山东的单县等地创办佛学社，1927 年担任常熟法界学院教师兼《晨钟》月刊编辑。出家前的陈天庆写有多种佛教讲义，在当时广为流传。

1928 年，陈天庆在苏州灵岩寺受慈舟法师披剃正式出家，法名净严，并于同年冬季前往宁波天童寺受具足戒。1929 年，净严法师参与筹建“世界佛学苑”并兼任训育主任。1931 年之后，他返回河南修建铁塔寺，任住持并创办佛学院、施诊所和中医学校等，亲自授课，育人济世，成为一代高僧。

当初的上海华严大学到后来的常熟法界学院发展数十年，培养出持松、常惺、慈舟、了尘、戒尘、霭亭、智光、妙生等著名法师，成为后来支撑中国佛教的宝贵僧才。

苏州戒幢佛学研究所

戒幢佛学研究所位于苏州市戒幢律寺(即西园寺)内。

戒幢佛学研究所创立于1996年。近年来,明开法师、安上法师、普仁法师三代方丈薪火相继,西园寺步入良性发展。在殿堂楼院等硬件得到进一步扩建的同时,诸位方丈开始重视"道风、学风、家风"建设。1980年代初,国家宗教政策落实,创办佛学院以培养各类僧才逐渐成为了僧俗两界的共识。西园寺本着自身优势,在当时的方丈安上法师与监院普仁法师的积极努力下,于1996年筹备并创办"戒幢佛学研究所"。戒幢佛学研究所创办时,西园寺聘请了时任中国佛教协会会长的赵朴初先生为名誉所长,时任中国佛教协会副会长茗山长老为所长并题写匾额,延请济群法师主持办学事宜。

1996年9月,西园寺向苏州市佛教协会提交了《戒幢佛学研究所申办报告》并得到江苏省佛教协会赞同。1997年7月,戒幢律寺向国家宗教事务局呈交《创办"戒幢佛学研究所"的申请报告》,叶小文局长对此作出批示表示支持。1999年5月,中国佛教协会会长赵朴初作出"赞同此一盛举"的批示,同年7月,中国佛教协会行文江苏省佛教协会"同意并支持西园寺申办旨在培养高级佛教人才的戒幢佛学研究所"。2001年8月,国家宗教事务局办公室下文,同意西园寺开办"戒幢佛学研究所"。

创办戒幢佛学研究所,既是佛教事业发展的需求,也是西园寺自身发展方向所致。戒幢佛学研究所的创建过程，充分反映出政府对宗教信仰自由政策的切实落实、各级佛教协会和主管部门的大力支持，教界、学界的鼎力相助，也体现了西园寺三代方丈对佛教教育事业的高度重视。

"戒幢佛学研究所"的办学思路与课程设置等事务，主要由济群法师整体规划，如吉法师、宗舜法师先后担任教学部主任，还聘请了释济群、释如吉、释湛如、释宗舜、李尚全、雷应行、夏金华、李海涛、潘桂明、王雷泉、高振农、王继如、沈剑英、蔡希杰、韩廷杰等法师与学者讲授课程，分别开设了《僧伽气质的培养》《佛法概论》《药师法门研究》《戒律学纲要》《菩提道次第略论》《南山律在家备览》《成佛之道》《印度佛教史》《阿含概略》《阿含经选读》《唯识学概论》《因明学讲座》《太虚大师年谱》《中国哲学》《四书导读》《敦煌佛教文献学》《英语》《咒语读音讲座》等常规课程与讲座。

戒幢佛学研究所办学历程可分为两个阶段。第一阶段自 1996 年至 2000 年，在提交办学申请报告的同时，于 1996 年秋和 1998 年秋通过正常入学考试，从出家僧众和在家居士中分别招收了两期学员。这一阶段培养两期预科生共计 30 余名。第二阶段自 2000 年迄今。1998 年普仁法师升任戒幢律寺住持，力抓戒幢佛学研究所的申办及日常授课，尝试创办网站、公开出版专著、编辑学报刊物、主办佛教学术会议，并与佛教院校及社会高校广泛交流合作。在此阶段，戒幢佛学研究所招收了三期预科生和一届研究生，共计 46 名。

目前，戒幢佛学研究所兴建了 1500 平方米的教学楼——"三宝楼"，以及可容纳近 300 位师生入住的研究所宿舍。西园寺每年划拨相应经费用于佛教图书馆建设，至今已拥有各类藏书十余万部册。同时，培养并吸纳数位学有专长的师资人才，逐渐形成一支稳定的师资队伍。

戒幢佛学研究所长期来坚持继承发扬西园寺的家风传统，要求每一位学僧遵循"从律仪生活中培养僧人形象，从禅定修行中增强信心道念，从闻思经教中树立正知正见"的指导思想，在培养解行能力中坚定信心、增进道念。为革除学院式教育中可能出现的"重慧学轻戒行、重闻思轻修持"弊端，戒幢佛学研究所强调所有学僧必须顺应丛林生活，严格按照丛林生活方式起居，通过随众上殿、过堂、布萨和禅修等丛林共修内容，锻造学僧们的出世品格。教育这样的办学理念与风格，戒幢佛学研究所已成为了一所规范化与制度化办学、且含有初、中、高三级学制的现代佛教学院。

镇江宝华山律学院

宝华山律学院是位于中国江苏省镇江句容宝华山律宗祖庭隆昌寺内。

宝华山律学院于1996年开始筹备，正式成立于1998年9月，是一所门培养佛教律学人才的初级佛教院校。

宝华山律学院的两人院长分别为慈舟法师(1998年—2003年)和心澄法师(2003年至今)。慈舟法师俗家姓史名源，出家後法名慈舟，法号月济。他是江苏省兴化县人，1915年出生。1927年，慈舟于兴化县穆家堡青龙庵礼恒净法师为师剃度出家。1934年，在镇江句容宝华山隆昌寺受具足戒。1946年升任金山监院。

1949年解放后，慈舟法师仍在金山担任监院，当时的政府政策是出家人也要参加劳动、不能吃闲饭。慈舟法师身为全寺当家人，他率领常住众耕田植树，农禅自给。1954年，宗教管理部门安排慈舟法师去北京中国佛学院进修两年，毕业后回到金山寺仍任监院。1966年"文革"开始，出家人被赶出寺院还俗返乡，慈舟法师也离开金山寺被遣返原籍务农。

1978年中共十一届三中全会之后，全国落实了宗教政策，开放了重点寺院。当时慈舟法师已年逾花甲，又被宗教管理部门请回金山寺。老和尚重回寺院担任江天寺监院，肩负起重建大雄宝殿、修复金山江天禅寺的重任。为此，慈舟法师不顾年逾古稀依仍奔波于北京、南京及海外各地筹措资金，从殿宇设计、立柱土建到佛像制作、派工监理无不全心投入，江天禅寺渐渐地恢复了原有的宏伟气象。与此同时，在江天禅寺恢复建设过程中深感佛教人才奇缺的慈舟法师，还与寺内大德高僧共同创建了金山佛学院，通过不断地探索积累了丰富的佛教办学经验。

慈舟法师晚年兼任着镇江句容宝华山隆昌寺住持，他发现当时佛教缺乏戒律学僧才已逐渐成为阻碍寺院正常发展的重要因素。为了寺院能够健康发展，慈舟法师在总结并运用创建金山佛学院尤以及多年来住持金山水陆法会、传授戒律的成功经验基础上，于 1998 年在隆昌寺院内创办了专修佛教戒律学的"宝华山律学院"。

宝华山律学院是一所初级佛学院，学制为三年。当时已经 84 岁高龄的慈舟法师兼任院长，副院长为林祥法师和心平法师，教务长为智宇法师。开办第一期聘请教师 8 位，招收了学僧 15 人，佛教专业课有戒律学纲要、沙弥律仪、三坛演仪、无量寿经、佛学概要，课时安排占约百分之七十，文化课有古文观止、英语、法律、常识、历史、书法，课时安排占约百分之三十。

宝华山律学院法脉正宗、律学精致，实为当今国内外为数不多的专门讲授及研修佛教戒律的律学院。

镇江焦山佛学院

焦山佛学院位于浙江焦山定慧寺内。

焦山佛学院创办于民国二十三年(1934 年),创办人为当时退居住持智光老和尚。智光老和尚毕业于月霞法师主办的华严大学,是太虚大师的同窗好友,对华严宗研究造诣颇深。创办当初,智光老和尚聘请了年轻时先后求学于镇江竹林佛学院和北京柏林寺佛教文理研究院的雪烦法师(1909—1994,字雪烦,俗姓孙,江苏泰县人)出任焦山佛学院教务主任并授语文课程。雪烦法师在竹林佛学院的同窗及同寮东初法师也随后受聘来到定慧寺为焦山佛学院授课。

1936 年,雪烦与东初两人同受智光、静严二位法师传法授记,成为了两位法师的法子。当时客堂奉命挂牌,以雪烦法师为定慧寺第一监院兼佛学院教务主任,东初法师为第二监院负责寺中事务、整理寺产及充实道粮。同年智光老和尚退居,由静严法师继任住持并兼任佛学院院长。

中日战争开始之后,焦山设有海军要塞而成为了为日机轰炸目标,炸弹曾经投落定慧寺中,寺院房舍损失颇重,焦山佛学院也因此停办。

1940 年,雪烦法师继任定慧寺住持。1942 年,雪烦法师重新恢复了焦山佛学院的讲授课程并亲自担任院长,亦请东初法师担任副院长。当时两位法师德高望重,随后礼聘了芝峰、现月、明性、茗山等诸为当时知名法师前来佛学院讲授佛学，同时还聘请有大学教授三人分别讲授哲学、物理、自然等世俗课程。恢复开学仅三年，焦山佛学院在中国佛教界的声誉日益隆兴，吸引了一批追究佛理的僧侣前来研修。当时，星云大师就曾经于抗战期间在焦山佛学院受学，抗战胜利后始毕业离院，然后辗转至台湾创办佛光山，大力倡扬人间佛教。

1946 年十月，雪烦法师住持两届任满，传法于茗山、戒证等四人后自住持位退居，由其法弟东初法师继任定慧寺住持兼佛学院院长。东初接任之后，即组织焦山佛学院扩版并开始发行流通院刊《中流》杂志。《中流》月刊最早由圆湛法师于民国二十九年在(1940 年)创办，起先是油印本旬刊，后改为铅印本月刊，主要内容包括佛教经论解释、佛学研究、国际佛学动态、外国佛学译著、佛教文物古迹介绍、国内外佛教活动报导以及诗词创作等，先后分别由圆湛、圣璞、茗山、觉先等法师担任主编及编辑。

民国三十五年(1947 年)，太虚大师曾以中国佛教整理委员会主任委员的身份，委托焦山佛学院代办“中国佛教会务人员训练班”，一时间集中了全国九省三市中比较优秀的僧侣一百二十余人入住焦山佛学院，实施佛教法务行政专业培训。中国佛教会务人员训练班的教务工作由芝峰法师主持。同年八月，太虚大师抵达焦山佛学院主持训练班结业典礼，为此《中流》月刊出了专刊以示纪念。

曾经在焦山佛学院任教的法师很多，包括定慧寺的智光、现月、雪烦、茗山、圆湛、望月、曼陀、玉泉、明性、介如、东初、觉先等法师，还有外聘法师仁山、守培、芝峰、块然、震华等人。此外，焦山佛学院从社会上聘请学者、居士任教，当时，上海暨南大学文学硕士薛剑园教过文学和统计学，原江苏如皋师范学校校长潘效安、原江苏省省长秘书钱右东、扬州师范学院教师章石丞均来教过文学，戴玉华律师教过法律、曾在交通部工作的彭遵路老师教过代数和物理。民国二十五年(1936年)夏，太虚大师曾来到焦山佛学院作“人生的佛学”专题讲学，并在华严阁举行了僧教育座谈会。

焦山佛学院的课目比较丰富，包括佛学、佛教史、因明学、文学、历史、代数、物理、法律、地理、统计学以及英语等。智光院长亲自讲授佛学和文学。焦山佛学院学制为三年，办过四届，每届两个班。自 1934 年至 1948 年间，共培养学僧 280 名左右，其中第一届一百二十多人，第二、三届各有六十多人，第四届四十多人。

其中，不少学员日后弘法精进，影响远及海内外佛教界，比如如茗山法师后历任焦山定慧寺方丈、无锡祥符寺方丈、江苏佛协会长、中国佛协副会长，觉先(又名惠庄)法师曾任闽南佛学院、苏州灵岩山佛学院、潮州岭东佛学院教师，峻岭法师历任南京毗卢寺方丈、上海龙华寺知客，性空法师历任苏州寒山寺方丈、江苏省佛协副会长、中国佛协理事，觉非法师历任无锡开元寺方丈、南通太平禅寺方丈。悟一法师历任台湾佛教会常务理事、台北“金山”分院（以镇江“金山”为总院）负责人，星云法师历任台湾佛光山开山长老、国际佛教促进会会长，知定法师曾任美国夏威夷虚云寺住持，圣一法师历任香港大屿山宝莲寺和宝林寺两寺方丈，佛宗（现名法宗）法师现任澳大利亚悉尼观音寺方丈，达道法师现任香港鹿野苑负责人。

1941 年到 1945 年，日本佛教学者国友园谛、藤井草萱、岸文贞等人曾经来到焦山佛学院讲授佛学，同期，金山佛学院师生如芝峰、东初、圆湛等教师及智平、佛宗、本沧、梦初等学僧也到过日本访问或留学。芝峰法师还从日本携回《禅学讲话》一书译成中文并于日后为学僧讲授，其汉译本也登载于焦山佛学院院刊《中流》上。

1948 年，焦山佛学院因故再次停办，以后也一直未能恢复开学。这也成为了后来成为定慧寺方丈的茗山法师生前未能实现的一个遗愿。

2012 年 3 月，镇江市委市政府组织民族局、市佛教协会负责人及专家，对在焦山定慧寺恢复建设佛学院及增建镇江佛教博物馆的规划设计方案进行了专题审定论证。规划中，建设经费基本上由定慧寺寺院投资并采取分步实施办法，总额达两亿元，焦山佛学院和镇江佛教博物馆总建筑面积达两万多平方米，整个工程预期在两到三年时间完成。

镇江金山佛学院

金山佛学院位于镇江金山江天禅寺内。

金山佛教学院成立于1995年，它的前身是金山僧伽培训班，主办单位是江天禅寺，主管部门是镇江市宗教局。江天禅寺自开放以后就非常重视僧才的培养工作，寺院住持慈舟法师早年就读于焦山佛学院、竹林寺佛学院、中国佛学院，因此对佛教人才的重要性有着充分认识。1995年，金山僧伽培训班被升格为初级佛学院并更名为“金山佛学院”，由慈舟法师任院长、监院心澄法师任副院长兼教务长，负责佛学院一切事务，办学经费由金山江天禅寺提供。

金山佛学院实行“学修一体化，学院生活丛林化”，以政治思想教育为先导，以戒定慧三学为纲，以文化、科学、法律政策知识为基础教书育人，解行相应。在管理上，佛学院的工作纳入寺院统一管理，使寺院与佛学院一体化而相辅相成，寺院维持佛学院运行的同时，寺院的重要执事都在佛学院任课，由僧值任教寺院管理课程，由维那梵呗教唱等，使得教学能够理论联系实际。

金山佛学院授课内容遍及整个佛学，不拘一宗一派，设有佛学课程有《六祖坛经》《沙弥律仪》《戒律学纲要》《教观纲宗》《百法明门论》《八识规矩颂》《净土教理史》《印度佛教史》《中国佛教史》《佛遗教三经》《四十二章经》《八宗概要》，文化课课程有古汉语、政治、历史、英语、书法等，其藏书现有经书6000册。

建院以来，金山佛学院从未放松道风建设，把学和修有机地结合起来，使学僧的佛学知识与佛教信仰及修持同步增长。因此，金山佛学院非常注重金山作为中国水陆法会起源地而创立的本寺规矩，充分让学僧们继承其梵呗唱腔特点，毕业时也能字正腔圆、有板有眼地唱练并熟练掌握水陆仪规，不仅能够表现外在正规的仪式也能充分体现丰富佛学内涵。佛学院多次组织学僧到新加坡、香港、台湾举行禅七与水陆法会，举行期间时梵呗唱腔由内心而发，水陆仪规蕴涵优雅庄严气氛，达到"增强感召力、净化信众心灵、提升宗教情操的效果，受到海外信众的普遍赞扬。

金山佛学院十分重视继承与发扬金山江天禅寺定期举行"禅七"及"水陆法会"的传统特色。江天禅寺禅堂名为"大彻堂"，曾经一晚开悟过十八位高僧，经历代祖师的用功办道，成就了"上有文殊宝光，下有金山高旻"的殊荣。学僧每晚前来坐禅修习，即使腊月也坚持打三个"禅七"，"禅七"中经历喊起字、扛香板、打警策、住广单等全部过程，寺院为学僧每天四堂开示，讲修行讲规矩讲功夫，让学僧们娴熟掌握禅堂的"四止四开"规矩。

近20年时间内，金山佛学院及以前的培训班培养了200多名学僧，很多已经走上了领导岗位，现在金山佛学院在院长心澄法师的领导下，佛学院环境设备优良、经典藏书丰富，院务管理精研、教学制度健全，继承传统丛林生活特色，为佛教更快地培养人才。

镇江竹林佛学院

竹林佛学院竹林寺位于镇江南郊夹山下竹林寺中。

竹林佛学院的历史可追溯到东晋时期(317—420年),当时法安禅师在如今地址创建有"夹山禅院"。夹山又名竹林山,山上山下竹林苍翠欲滴,竹海一片蔚为壮观,竹林寺就隐掩于这片竹海之中。

民国十五年(1927年),霭亭法师接任竹林寺方丈,数月后创办了"竹林佛学院"并出任第一任院长。霭亭法师幼年从金山定慧寺智光长老剃染,曾入上海华严大学,随月霞法师习佛学。他创办竹林佛学院甫及三载,造就僧材成绩斐然。时有香港何东爵士及夫人张莲觉居士拟设佛教化女学,特别驰函来聘霭亭法师。于是,民国二十年(1931年)霭亭法师卸去院务赴香港,旋即创办"东莲觉苑"并发行《人海灯》杂志。

继后,有厚宽、震华、窥谛、淦泉、真禅等方式先后担任竹林佛学院院长。厚宽法师于1932年继任竹林寺方丈兼竹林佛学院院长,继续兴学。震华法师于1938年升任竹林寺方丈并兼任竹林佛学院院长,于次年将因日本侵华战争而导致停办的竹林佛学院恢复起来。

竹林佛学自创办以来主要教师有慈舟、妙阔、栗庵、南亭、林子青、厚宽、震华、窥谛、淦泉、真禅、超尘、慧峰、欣一、悉明 引觉等法师以及一些居士。

其中，慈舟法师任主讲而特重律学，震华法师教中国、日本、印度佛教史，教务长超尘法师教国文和书法，厚宽法师教梵呗，窥谛、悟庵、达衢等法师教佛学，淦泉法师教国文，真禅法师教佛学和国文。安排佛学基本课程为讲授《中国佛教史》《印度佛教史》《日本佛教史》《唯识论》《因明学》《八十规矩颂》等，国文课程安奈讲解《古文观止》《唐诗宋词》等，学僧被要求每星期写一篇作文，以提高必要的文字表达水平。

竹林佛学院学制三年，专弘华严与毗尼，也讲授孔孟之书。首届招收甲、乙两个班学僧共40名左右。自创办到解放前夕结束，共招收五届学僧，每届40名左右共计培养二百多人。其中，较为著名的有震华、雪烦、东初、圆湛、福善、超尘、禅耕、真禅、浩霖、超尘、悉明、尹波等法师。

值得记述的是，当年真禅闻知素有"华严座主"之誉的应慈老法师在扬州讲经，即南下扬州到福缘寺拜谒应老，留在福缘寺听应老讲《楞严经》。翌年来到镇江焦山定慧寺入焦山佛学院深造，就读一学期后转学到了竹林佛学院。真禅进入竹林佛学院依震华法师受学。竹林寺农禅并重，真禅读书用功又长于耕作，因此深受震华法师青睐，时常亲自指点其功课并让他担任初级班助讲。

1935年秋，竹林寺传戒时震华法师命真禅担任衣钵之职，真禅法师管理全寺财务条理井然，后来震华法师为真禅法师传法授记。后来，真禅法师进入泰州光孝寺佛学院、上海佛学院、上海圆明讲堂楞严专宗学院、南京中国华严速成师范学院等院校继续深造佛学，成为当时为数不多的著名学问僧。真禅法师担任镇江竹林寺住持及竹林佛学院院长，桃李遍及欧、美、港、澳、台等地，影响一直延续至今。

扬州鉴真图书馆

鉴真图书馆位于扬州蜀冈—瘦西湖风景名胜区鉴真佛教学院内，毗邻鉴真祖庭——扬州大明寺。

扬州鉴真图书馆筹建于2003年，2008年元旦竣工剪彩。

2003年10月，扬州大明寺举行了鉴真东渡日本1250周年纪念活动。在台湾创立道场、弘法遍及五大洲的扬州和尚星云大师亲临现场，与鉴真大师遥相对话。

星云大师为扬州江都人，俗名李国深。1938年，李国深12岁，随母亲到南京寻父期间入栖霞寺随志开法师出家当了和尚，法名悟彻、号今觉。后来辗转至台湾，长期以来坚持“以文化弘扬佛法，以教育培养人才，以慈善福利社会，以共修净化人心”的事业宗旨，毕生实践“人间佛教”至高理想。他在台湾创建了世界影响的佛光山圣地，在33个国家地区创建了近200座佛教道场、16所佛教学院、17所图书馆、9所美术馆、4所大学、2所高中、4所幼儿园，全球信众超过200万人。

在这次鉴真东渡纪念会上，星云大师得知大明寺要建一所佛学院，便发心先捐资建设一座佛教图书馆，以延续和推进鉴真大师弘扬佛教兴盛文化的事业，即命名为“鉴真图书馆”。

2005年6月，台湾佛光山文教基金会捐资五千多万元，在国家宗教局和江苏省宗教局、扬州市委市政府支持下，鉴真图书馆破土动工。图书馆的整个工程由佛光山负责实施筹建。工程负责人是三位年轻的和尚：慧峰法师来自新西兰，负责工程建设；慧宜法师来自台湾，掌管工程财政及工程进度；慧炬师傅来自澳大利亚，接替了慧宜法师工作。经过两年奋斗，恢弘庄严的鉴真图书馆终于在蜀冈中峰大明寺之北落成。

与此同时，佛光山文教基金会为了能够进一步弘扬鉴真精神、传承中国传统文化、培养佛教研究管理人才，又投资资约 4 亿元人民币，沿着大觉寺主轴线，开始捐建占地 308 亩、建筑面积达 3.5 万平方米的"鉴真大学"。

其中，鉴真图书馆是鉴真大学的中心建筑及其核心组成部分。站在临近鉴真图书馆的"栖灵塔"上凌空独览，以扬州最大仿唐四合院建筑——鉴真图书馆为中心的佛教建筑群十分壮观令人震撼。整个鉴真图书馆布局宽厚，延续了著名建筑大师梁思成的设计理念，其建筑面积 1.6 万平方米，呈大四合院结构，强调中轴对称的空间布局和端庄朴素的建筑造型，凸显洋溢的唐风与十足的禅意，力求引人遗世独立绝尘超俗。

鉴真图书馆以大明寺大雄宝殿为轴对称分布仿唐建筑，其中回廊曲折屋宇参差、庭院开阔檐角舒放，配以大红色斗拱、花梁、卷棚。鉴真图书馆的主体是一幢四坡顶主殿，四周连着回廊的厢房。沿着东厢房逆时针行走，可见依次发布着美术馆、滴水坊、宿舍楼、教学室、办公区等场所，大殿内部包括 7 个多媒体教室和 500 平方米展览室。主体建筑共三层：底层为半地下庭园，主要有书库和远程教学中心、文印中心；二层为书刊借阅处，阅览室可容纳 200 名读者，另有 44 张坐椅及 4 个小型讨论室；三层为"扬州讲坛"报告厅，内设 905 个座位，空调和声光设备齐全。

鉴真图书馆是目前我国最大的佛学界图书馆，它珍藏着许多珍贵书经，包括《四库全书》和 20 种版本的《大藏经》等，目前以纸本馆藏与数字化馆藏并重，一期设计藏书 10 万册，以汉传佛教的教史、教理、传记、礼制丛书等为馆藏特色，同时提供文艺、语言学等学术著作以及重点社科期刊，目前已拥有 3 万多册图书。

目前，鉴真图书馆已经实现设计规划，集学术活动、阅览、修持、出版、教育、艺文休闲、佛学研究等七大功能为一体，它跨越了古代文明与现代技术的距离、化解了自然生态与人为雕饰的矛盾、协调了艺术效果与实际功能的分歧、实现了宗教理法与人间情怀的融合，最大程度上充分体现着星云大师所倡导的"人间佛教"精神。

与此同时，扬州市委市政府主要领导与星云大师共同商定，在新建成的鉴真图书馆将兴办一系列国内最高层次的文化大讲坛"扬州讲坛"。

经过精密构思和精心准备，2008 年新年第一天，鉴真图书馆剪彩之日，时年

82 岁高龄的星云大师主持并简短致辞之后，由国内著名作家二月河开讲“康雍乾三朝政务文化兴替”，开门即红，并引来社会广泛好评。

继而，“扬州讲坛”每月开讲两次。仅 2008 年上半年，应允前来主讲的当代学术名家就有钱文忠、余秋雨、马瑞芳、于丹、王立群、阎崇年等人。鉴真图书馆自建成开放之日起，脚踏实地秉承“人间佛教”精神，积极开放服务社会，已经成为促进社会和谐的一方楷模。

南京金陵刻经处

金陵刻经处位于南京闹市区淮海路与延龄巷交界处。

金陵刻经处始建于清代穆宗同治五年(1866 年),为晚清著名学者杨仁山先生一手创办。杨仁山,名文会,清代道光十七年(1837 年)出生于安徽石埭(今石台县)。同治四年(1865 年),杨仁山移居江宁(今南京)参与战事之后的城市建设,结识了王梅叔、郑学川、魏刚己、曹初镜等诸位居士,公务繁忙之余共同研讨佛学。当时亲近佛教的社会名流梁启超、谭嗣同、章太炎等人都与之交往甚密。然而,清代咸丰年间,江南久历兵战,太平天国崇道抑佛,佛教典籍被损毁殆尽,曾经最为普及的《无量寿经》和《十六观经》也一时难以觅得。因此,杨仁山深感佛典流通缺乏影响了佛法在人间弘扬,第二年便遂与志同道合者十余人募捐集资,创办了“金陵经书处”,开启了近代南京民间刻经流通事业。

金陵经书处草创时期,设有写手 1 人,刻手 7 人,主僧 1 人,香火 2 人。在发起人中,曾经创建扬州砖桥“江北刻经处”的江都人士郑学川赞助最力,杨仁山深受鼓舞,“乃就金陵差次,擘画刻经。日则董理工程,夜则潜心佛学,校勘佛经而外,或诵经念佛,或静坐作观,往往至漏尽就寝”。

光绪元年(1875 年),杨仁山以工程专家身份应聘到汉口主持盐局建设工程。光绪四年(1878 年),因为精通多国语言,杨仁山应邀以参赞身份随外交家曾纪泽出使欧洲各国。在欧洲三年期间,杨仁山在英国结识了日本著名佛教学者南条文雄，两人友谊持续 30 年。南条雄文在日本为杨仁山的金陵经书处陆续收购了唐代散佚至日本的佛经注疏近 300 种，最为杨仁山看重的是那些唯识宗或唯识学方面的经疏。

金陵经书处最初设在南京鸡笼山北极阁，后来迁至杨仁山位于常府街的家中，后又转迁至花牌楼（今太平路）一带。随着经版日益增多，保存逐渐成为了当务之急。为此，光绪二十三年（1897 年），杨仁山将自己在延龄巷的住宅六十余间及宅基地 6 亩多无偿捐给了金陵经书处，作为永久刻印经像、收藏经版、流通佛经的场所，金陵经书处也随之更名为“金陵刻经处”。

金陵刻经处正式成立后，杨仁山对各类佛教典籍更是热心搜求，先后从日本和朝鲜等国寻回了国内早已散佚的《中论疏》《百论疏》《唯识述记》《因明论疏》《华严三昧章》等约 300 种隋唐佛教著述，刻印之后赠送相关高僧学者加以研究，以期能够复明三论宗、慈恩宗、华严宗等佛教宗派教义。

金陵刻经处曾经遴选佛典 465 种，刊刻了 3300 卷本的《大藏辑要》及佛像 10 万余张。鲁迅先生为其母亲祝寿时也曾在这里捐资刻印过《百喻经》。

在杨仁山的主持下，金陵刻经处规定了“疑伪者不刻，文义浅俗者不刻，乩坛之书不刻”的“三不刻原则”。经金陵刻经处刊印流通的经书，往往是一些古代失传后经金陵刻经处校勘严格的珍贵佛典，编排上更是采用了经文加注疏的创新方式，所以各方信士皆誉其为“最精善之佛典版本”。这种正直与严谨的敬业精神，也成为金陵刻经处长盛不衰的根本原因。

清代宣统三年（1911 年），杨仁山逝世，归葬于刻经处庭院中并建塔纪念。日本侵略军攻占南京时，金陵刻经处之经版、房舍损毁殊甚。1952 年上海佛教协会成立金陵刻经处护持委员会并由赵朴初任主任委员。同年，吕澂结束四川江津支那内学院供职前来南京，将以往内学院收藏的佛教文物、资料、经版等一并交还金陵刻经处，成为金陵刻经处得以重振。

1980 年代，金陵刻经处逐渐复兴，至今珍藏有各类经版 130000 多片以及各类藏经、论疏等二百多种四十余万册。同时金陵刻经处完整保存了中国雕版印刷、木刻水印、线装函套等传统工艺，无愧为当今世界汉文木刻佛经的出版中心。

值得一提的是，金陵刻经处还是近代中国佛教复兴运动的主要策源地之一，也是近代中国佛教唯识学研究的重镇。清代光绪三十四年（1908 年），杨仁山在金陵刻经处内创办了中国近代第一所新式教育的佛教学堂——“祇洹精舍”以及“佛学研究会”等教育机构，前来参学的著名人士包括太虚法师、欧阳竟无、章太炎、谢无量、梅光羲、孙少侯等人，尤以参究唯识学为趣。

1922年,受杨仁山生前嘱托主持金陵刻经处编校事务的欧阳竟无,在1914年金陵刻经处成立佛学研究部的基础上,商诸于沈曾植、陈三立、章太炎、梁启超、蔡元培等人,委托上海美术专科学校任教务长的吕澂(1896—1989年)筹备成立"支那内学院",四年后在南京半边街(今公园路)正式成立并由欧阳竟无担任院长、吕澂担任教务长。前来学习过的人士包括梁启超、梁漱溟、王恩洋、熊十力、汤用彤、景昌极、缪凤林、黄忏华、田光烈等人。

后来,支那内学院扩展为问学部、研究部和法相大学三个部分。其前期主要阐扬法相唯识学,旁及印度梵文、巴利文佛学与藏传佛学,是近代唯识宗复兴的主要推手。其后期研究分别形为四科统贯整个佛学。1924年,支那内学院还创办了院刊《内学》。

1931年"九·一八事变"之后,欧阳竟无决定金陵刻经处停止刻印佛经,改印岳飞《满江红》、文天祥《正气歌》等爱国诗词。1937年南京沦陷,支那内学院被迁至四川江津继续办学。1943年欧阳竟无去世由吕澂接任支那内学院院长。至1952年,吕澂及内学院董事会对外宣布支那内学院自行停办。